仕事ができる人の「日本史」入門

夏川賀央

ビジネスに生かす！
先人たちの発想と問題解決術

きずな出版

はじめに
なぜ歴史を学ぶことが「仕事に効く」のか？

「歴史」という言葉を聞いて、どのようなイメージを頭に描くでしょうか？

賢い人は歴史に学ぶ……とよく言われます。

「歴史を学ぶことはビジネスパーソンにとって必須」と説《と》く人は多いし、グローバルな環境で働く人には、「自国の歴史をきちんと知っていないと、海外でバカにされてしまう」と、自身の経験から語る人もいらっしゃいます。

けれども学校で学んできた歴史といえば、私たちにとっては「受験のために暗記した付け焼き刃《ば》の知識」に他なりませんでした。

実際の仕事の場で、平安時代が「泣くよウグイス」の794年に始まった……という知識が役立ったことはないし、歴史の時間に覚えたたくさんの人物や歴史用語を、会社で使う文書に一度でも使った……という人も少ないでしょう。

結局、私たちにとって歴史の勉強は、興味ある人だけが知っていればいいような、趣味の知識にすぎなくなっているわけです。

けれども、私たちは京都や奈良のみならず、世界遺産の富岡製糸場や軍艦島など数々の史跡や文化財へ、旅行に訪れたいと願います。大河ドラマを、過去の歴史が舞台になった映画や漫画やゲームを、私たちは楽しみます。

歴史の勉強を別にすれば、この国が築いてきた歴史はいつも私たちの身近なところにあるし、普遍的に私たちが活用できる素晴らしいデータベースになっているわけです。

そして、この「歴史」というデータベースにおいて最も重要なことは、それらはすべて私たちの先代が成し遂げてきた「偉大な仕事」の集積で成り立っているということです。

言い換えるならば、いまの私たちは、過去の「できる人」が積み上げてきた成果の上に乗っかり、日常をすごすことができています。

「歴史に学ぶ」ということの本質は、年号や用語を暗記するのでも、観光地やお茶の間のテレビの前で束《つか》の間のノスタルジックにひたるのでもなく、過去から連綿《れんめん》と続く日本人の経験値を、一人ひとりが実生活で生かしていくことではないかと私は思うのです。

別に自分は歴史を動かすような大層な仕事をしているわけではない。生かそうとしたって、関係のないことばかりではないか……？

果たしてそうでしょうか？　たとえば、こんな事例をご覧ください。

●縄文時代の日本は、各集団が争うこともなく、ウィン－ウィンの関係を築き、共同の資源を分かち合って、ともに成長するシステムをつくり上げていた

●平安時代、無名の女性事務職にすぎなかった紫式部は、優《すぐ》れた発信力によって世界最古の女性作家になることに成功した

●農民の子にすぎなかった秀吉は、信長という天才が描いたビジョンを正しく組み取り、さまざまな分野の人間を生かした人間関係によって、これを実現した

●土佐の浪人にすぎなかった坂本龍馬は、そのアイデア力によって敵対していた長州《ちょうしゅう》と薩《さつ》摩《ま》を結びつけ、日本の大改革を実現させた

●どう頑張っても勝てない相手に周囲を囲まれていることを知った明治期の日本人、彼らが選択したのは「ゼロベースになってすべてを学ぶ」という道だった

いずれもこれらは、最初から偉大だった人間ではない、ごく普通の人間たちが創意工夫で成し遂げた、「誰でもが実現可能な大きな仕事の成果」に他ならないのです。

もちろん仕事には「負《ふ》」の面もあります。なぜ栄華《えいが》を誇った家が数代で没落《ぼつらく》したのか？なぜ天才とされた人物が、最期には裏切りによって命を落としたのか？　世界から恐れられた軍勢が、なぜ致命的な戦争のミスを犯したのか？　……これらは私たちに、大きな教訓を残す遺産でもあるでしょう。


世界でも最古といえる王朝を持続し、世界でも異例の早さで近代化や経済革新を成し遂げ、また世界有数のエコ文化や、世界に類例のない庶民文化をつくってきたのが我が国、日本です。世界中に憧れる人が多い、この国のことを、他ならぬ日本人が知らずにいて、その教訓を生かすこともできないのはもったいない話です。

今回私は、歴史の専門家ではなく、ビジネスや自己啓発の分野の本を著《あらわ》してきた作家の一人として、「私たち日本人が本当に生かせる、ビジネスパーソンのための日本史」に取り組みました。本書が、日本史を、ひいては日本そのものを好きになり、誇りに感じられるきっかけになれば幸いです。

仕事ができる人の「日本史」入門 ◉目次

はじめに　なぜ歴史を学ぶことが「仕事に効く」のか？——1

第1章 「日本人のつくり方」を説明できますか？

世界に出る前に「己」を知る

1 日本人は一体どこからやってきたのか？——20
……日本人のルーツを探る

2 日本文化の根源「縄文文明」の秘密――25
……私たちは世界でも類のない「エコ文化」を創造した
3 常識的に知っておきたい「日本神話」――31
……国家草創の時代に何があったか？
4 「古墳」を語ると「国の始まり」が見えてくる――36
……大和朝廷の誕生と弥生時代から古墳時代へ
5 「日本人の思考方式」を確立した男、聖徳太子――41
……〝和〟の精神が日本の歴史を特徴づけた
6 日本は女性たちが築いた国!?――45
……日本創世の頃に活躍した女王たちの秘密

第**2**章

「日本」という国を発明した究極的アイデア！

飛鳥、奈良、平安～中国から学んだものと〝独自創造〟したもの

7 日本は古代中国から何を学び、何を独創したのか？——56
……「聖都」と「律令制」と「日本語」の発想術

8 遷都と大仏の仕事術——60
……「理想の国」になるまでの試行錯誤とは？

9 藤原一族がつくった〝日本的統治〟の伝統——66
……出世主義から生まれた暗黒の時代

10 平安時代ってどんな時代？——71
……「スピリチュアル日本」の矛盾、なぜ学問の神様は祟るのか

11 ユートピアを目指した人々の理想——76
……平泉と平将門の夢の国

12 こうして日本は「読書の国」になった――81
……なぜ平安時代に日本は文学大国になったのか？

第3章 世界に誇るべき「日本的リーダー」の登場

仕事にも生かしたい、武将たちの仕事術

13 平清盛も、源義経も、源頼朝には敵わない！――88
……待望された鎌倉時代の到来

14 日本人が求めるヒーロー像の出現――92
……鉢の木の物語と、不屈の日蓮上人

15 なぜ私たちの国には神風が吹いたのか?――96
……世界最強の民族を追い返せた理由

16 カリスマになりたかった天皇とカリスマに押し上げられた将軍――100
……足利尊氏と後醍醐天皇

17 「日本国王」がつくりあげた室町時代――104
……日本は古くから「世界を相手にしたビジネス」で成功していた

18 混乱期にこそチャンスはある――108
……実力で成功を勝ち取れる時代の到来

19 戦国時代から私たちが学ぶべきものとは?――113
……情報術、企画術、交渉術、仕事の基本がここにある

20 なぜ日本人は織田信長に憧れるのか?――119
……大きな目標が人を強くする

21 豊臣秀吉と「武器を持たなかったカリスマ」たち――124
……こうして全国統一は実現した

第4章

武士道と商人道、この成功哲学を忘れるな

江戸300年が日本人にもたらしたもの

22 江戸幕府、平和な組織のつくり方――132
……徳川家康は一体何をもたらしたのか?

23 綱吉・吉宗、水戸光圀、将軍たちの仕事術――137
……見習うべき「江戸のリーダー」の考え方

24 大久保彦左衛門と忠臣蔵――141
……誇りを守るために最後にできることは?

25 数々のエドノミクスはどれくらい成功したのか?

……上杉鷹山が世界に先駆けてやったこと――145

26 仕事の原点「三方良し」の営業術――151

……現代ビジネスの基盤になった「商人道」
27 世界に轟く画家・葛飾北斎に学べ——155
……持つべきは仕事に対する「誇り」である
28 世界が見た「豊かな庶民の住む国」日本——159
……類のない町人文化が誕生した背景

第5章 坂の上の雲の時代の「グローバル仕事術」

世界が恐れた日本人の精神とは？

29 黒船が来た日～そのときの世界を正しく理解する——168
……強国はなぜ、日本という国を欲しがったのか？

30 吉田松陰と高杉晋作——172
……思いの強さが歴史を動かす

31 坂本龍馬がスゴいのはなぜか？——176
……本当の目的達成に向かって人を動かす力

32 明治維新・日本が成し遂げた革命——181
……なぜ最後の最後で西郷隆盛は政府に反旗を翻したのか

33 日本は世界に「負けなかった」——185
……福沢諭吉と新渡戸稲造と岡倉天心

34 強国ロシアに日本が勝利するまで——189
……世界を驚かせた日本は〝必然〟だった

35 モノづくり日本と、信用できる国・日本——194
……初期の経営者たちが「成功すること」より望んだこと

36 世界の変化と大災害——198
……東京を世界的都市に変えた後藤新平の考え方

第6章

日本人が忘れてしまったもの、思い出すべきもの

戦後日本、失敗し、繁栄し、そして停滞したその次は？

37 ビジネスパーソンが押さえておきたい戦争史――206
……戦争はどのように始まり、どのように終わったのか？

38 戦争の失敗①リーダーは決断しなければならない――212
……誰が日本を戦争に誘導したのか？

39 戦争の失敗②目標と戦略の欠如――216
……私たちが戦争から学ぶべき多くのこと

40 日本人が忘れてはいけない「歴史的思考」――220
……いまだからこそ原点に立ち返る！

仕事ができる人の「日本史」入門

――ビジネスに生かす！
先人たちの発想と問題解決術

本文フォーマット　福田和雄（FUKUDA DESIGN）
図版作成　徳永純子デザイン事務所

第 1 章

「日本人のつくり方」を説明できますか？

世界に出る前に「己」を知る

知ってておきたいこと

世界のエリートは“自分たちの原点”を知っている！

私たちは当たり前のように、自分たちが「日本人である」と認識していますし、海外で同じ日本人に会えば安心します。多くの人は、この「日本」という国を愛していることでしょう。でも、「日本人とは何者なのか？」と聞かれ、あなたは果たして、明確な答えを出せるでしょうか？

なんとなく皆、生まれてきたときから当たり前のように、「他の国と違う島国の日本」を認識し、天皇陛下を頂く1つの国であることを受け入れている。その背景に何ら疑問を持たずにすごしている人が大半ではないでしょうか？

世界のなかで「日本人である」というオリジナリティを堂々と主張するなら、やはり私たちは自分たちが何者なのかをしっかり認識する必要があります。それが「歴史を知る」ということです。

私たちのDNAを調べると、そこには朝鮮半島、東南アジア、あるいはシベリアやサハリンに通ずるルーツが現れてきます。つまり私たちは世界から独立した「日本人」ではなく、さまざまな地域からやってきた開拓者による〝混血集団〟であったことが推定されているのです。

この混血集団は、1万年以上続く「縄文時代」という自然と共存した生活のなかで、独自文化をつくり上げました。

弥生時代には、朝鮮半島から多くの農耕を携《たずさ》えた人々を迎え、古墳《こふん》時代、飛鳥《あすか》時代と、朝鮮半島にあった高句麗《こうくり》、新羅《しらぎ》、百済《くだら》といった国々と共存する歴史を歩んでいきます。

古墳時代、飛鳥時代と、日本には朝鮮半島から大勢の人が渡来しました。彼らは定着し、おそらくは政治的にも大きな力を持ったことが想定されます。

実証はされていませんが、『古事記』『日本書紀』には、かつて朝鮮半島に任那《みまな》日本府という日本の入植地があったと記され、日本にある古墳と同じような墳墓が朝鮮半島でも発掘されています。

つまり私たちの国の歴史は、孤立した独自民族の国でなく、世界とつながった「国際人の歴史」として始まっているのです。まずはその発端を探ってみましょう。

1 日本人は一体どこからやってきたのか？

……日本人のルーツを探る

∷ 私たちは冒険者たちの子孫である

私たちは自分たちを、日本という小さな島国でずっと生きてきた、「日本人」という単一の民族と考えがちです。

その特徴は、仲間との〝絆《きずな》〟意識は高いけれども、どちらかといえば外に対して閉鎖《へいさ》的。積極的に世界に飛び出していくような冒険心のある人種ではない……と。

けれども世界地図を広げて、日本を見てみてください。

北を見れば、北海道から樺太《からふと》を通ってロシアまではすぐ近く。西を見れば、対馬《つしま》を間に挟んで、朝鮮半島とはおよそ180キロという距離です。

南はどうか？　鹿児島から沖縄までは、いくつもの島を渡っておよそ650キロ。同じくらいの距離を沖縄から延ばせば、台湾です。この距離は非常に遠く感じられますが、東京から大阪が600キロと考えれば、決して舟で渡れない距離ではないかもしれません。

いまから2〜4万年前、その頃は氷河期の真最中です。南極をはじめとした各地の氷河が発達した結果、海面は現在よりも100メートル以上低い位置に存在していました。

よって現在より広い部分が陸地になっていたとすれば、これらのルートは、ときには大陸と島がつながったりして、もっと人間が往来しやすい状態になっていたでしょう。

想像してみてください。

科学的にはホモサピエンスと呼ばれる現在の人類は、いまからおよそ20万年前のアフリカで誕生しました。それから厳しい気候変動に耐え、食料の不足にも耐え、**私たちの祖先は豊かな土地を求め、ヨーロッパへアジアへと「グレートジャーニー」と呼ばれる大移動を続けていったのです。**

そして彼らの一部は北から、西から、南へと、やがて小さな陸地にたどりつきます。そこは火山があり、地震がありという不安のある地ではありましたが、豊かな自然に恵まれ、ナウマン象やヘラジカが繁殖する素晴らしい大地だった……。

この集団こそ、やがて「日本人」と呼ばれる人々。私たちの直系の先祖なのです。

閉鎖的で消極的だなんて、とんでもありません。私たちの祖先は新天地を求めてやってきた冒険者であり、さまざまな地を経由してやってきた人々によって構成される、グローバルな集団以外の何者でもなかったのです。

■日本の旧石器時代の始まりはいつ？

この移住者たちによって始まる時代を、歴史的には「旧石器時代」と呼んでいます。旧石器時代ということは、石器を使用した時代だということ。厳密には木製品や骨でつくった道具もあったでしょうが、遺物として現在に残るのは主に石器のみです。

旧石器といえば、日本の旧石器時代は70万年以上前に遡《さかのぼ》る……と、そんなふうに教わった人もいるかもしれません。

かつて、それくらい古いといわれた石器もあったのです。しかし2000年に、日本の歴史学に汚点を残した「ねつ造事件」が発覚。古いとされた石器のほとんどが、新しい石器を古い地層に埋めて偽《いつわ》ったものだったことが判明しました。

これによって次々と古い遺跡が否定され、現在のところ確実に「4万年前より古い」とされる石器は、科学的に確認されていないのが実際のようです。

石器の年代というのは地層の中にまざっている火山灰や、遺物そのものの科学的測定に

◉グレートジャーニーの大移動

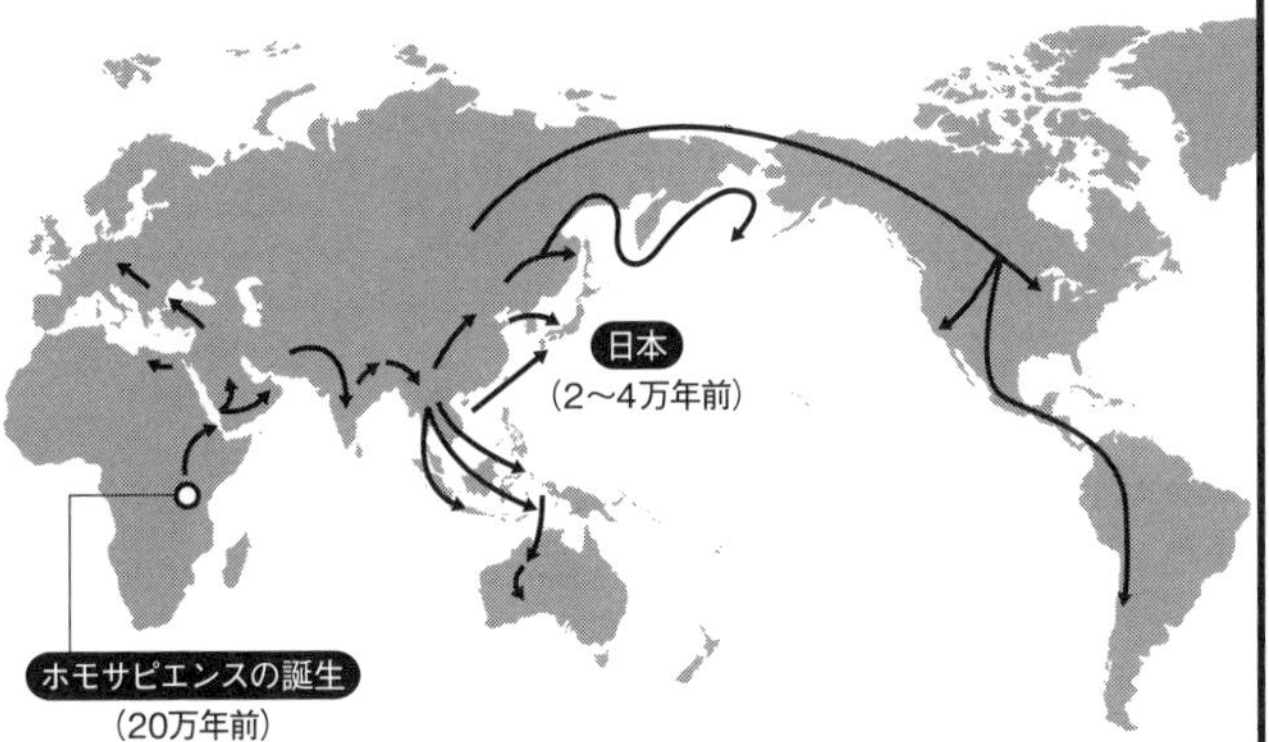

（参考：『日本人の起源』別冊宝島 2233）

よって確定します。ただ初期の打製石器になると、「人間の手が加わっているのか？」と「単に自然に削れただけではないか？」を判別するのが難しくなります。

もし4万年前より古い時代の石器が日本で発見されたとしても、それは私たちの祖先が使っていたものではありません。私たちの祖先が誕生する前の〝先人類〟のものになります。

現在はヒトのDNAを遡ることで、私たちにいたる進化過程について多くのことがわかりました。

まずアフリカで人類の祖先が500万年くらいにチンパンジーと分岐してから、いくつもの種族が枝分かれして世界に散っていきます。「北京原人」や「ジャワ原人」、また「ネアンデルタール人」と呼ばれる人々は、こうした人類の親戚といえる種族です。

やがて人類の祖先となったホモサピエンスが、20万年ほど前にアフリカで誕生します。ヨーロッパで「クロマニヨン人」と呼ばれた人々もこれに属しますが、長い年月をかけて彼らは世界中に散っていくわけです。**これが「グレートジャーニー」で、北から西から南からと日本へやってきた経緯も、日本人のDNAを他民族と比較してわかりました。**

世界拡散の過程で、他の親戚種族は絶滅していきます。そして厳しい時代を生き残って4万年前に日本にやってきたホモサピエンスの逞《たくま》しい冒険者たちが、私たち日本人につながる。それだけ私たちの祖先は、強い生命力を持っていたのです。

2 日本文化の根源「縄文文明」の秘密

……私たちは世界でも類のない「エコ文化」を創造した

∷縄文時代が私たちの根っ子をつくる⁉

旧石器時代の「旧石器」とは、〝旧式の石器〟ということ。世界史的には、狩猟採集の生活で使われた「打製石器」の意味で用いられます。

これに対して「新石器」とは、農業とともに使われるようになった、磨きをかけられた石器。世界は気候が温暖化した1万1500年前から、「新石器時代」に突入しました。

日本もその頃から、「縄文時代」に入ります。しかし世界の趨勢《すうせい》に併《あわ》せて農業を始めたわけではありません。その点で、「日本は農耕民族、西洋は狩猟民族」という話はウソ！

日本人の特徴は〝狩猟採集民族でありながら、1万年以上の新石器時代〟という、世界でも独特の「自然とともに生きる文化」によって生まれているのです。

縄文時代が何といっても特徴的なのは、農業をしない民族でありながら、土器だけは世

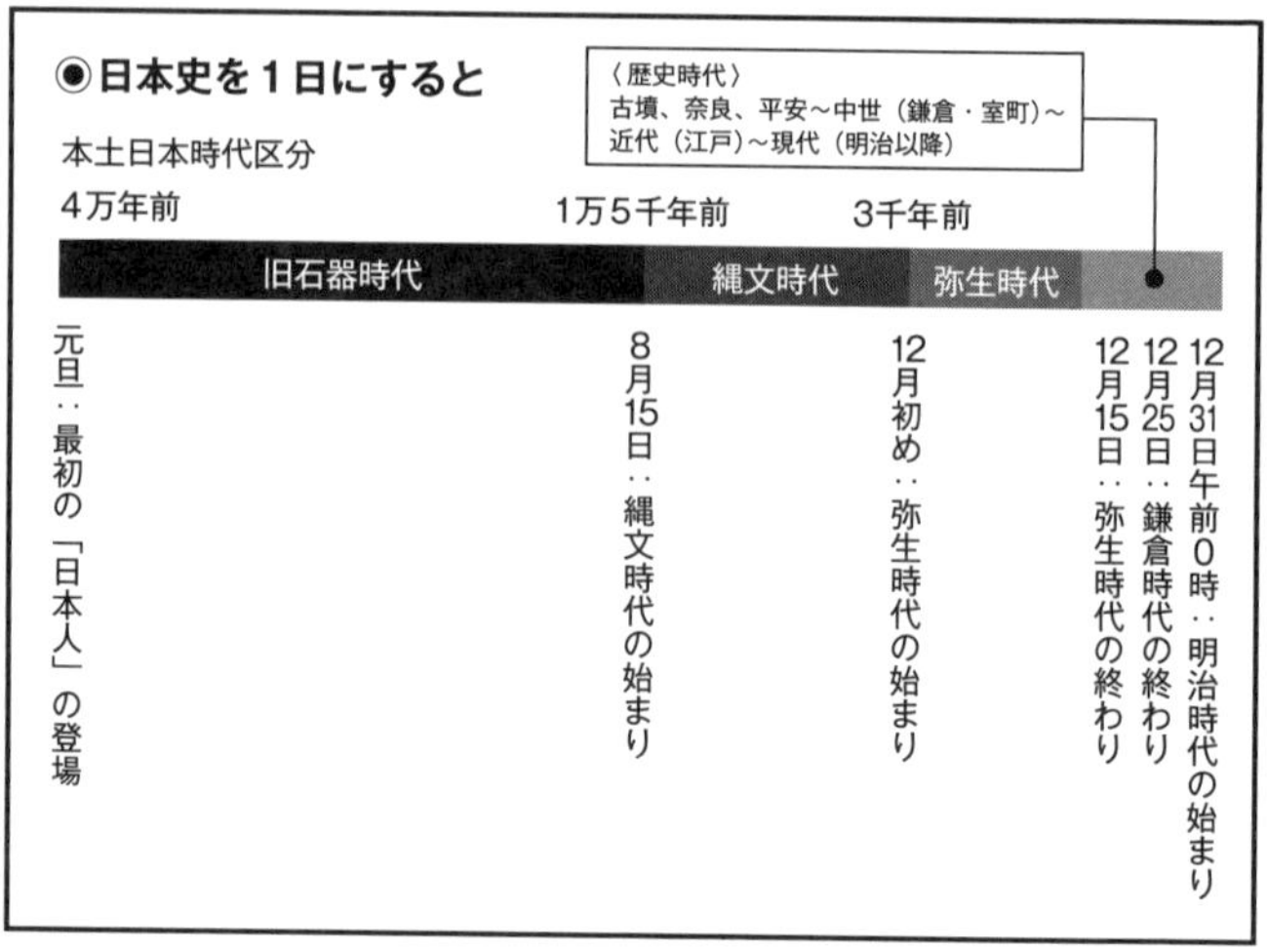

（参考：『縄文人はどこからきたか？』インテリジェント・リンク刊）

界最古に並ぶくらいの年代につくられているということです。現在のところ世界最古と言われる土器は中国で見つかった1万8000年くらい前のもののようですが、青森県では1万6500年前の縄文土器が見つかっています。

　なぜに狩猟民族が土器をつくるのか？　これは農業をする必要がなかったことにも関連しているのでしょうが、それなりに豊かな食料があったからです。獣や魚介類もそうですが、何よりドングリやクリなど、森の木々の恵みがありました。

　狩りをし、漁をし、森の食材を集め

る。そして煮炊《にた》きをするために縄文土器を使う。こうして東日本を中心に、縄文時代は長い繁栄期を迎えていくわけです。

すると「土器」というものも、次第に手の込んだものになっていきます。縄文土器とは、そもそもがろくろなどを使わず、輪積《わづ》みにした粘土《ねんど》を成形して素焼きした器ですが、これに縄やヘラなどで模様が描かれたあとは、複雑な装飾をもった土器が各地で生まれていきます。燃える炎を象徴するような「火焔土器《かえんどき》」はその代表でしょう。

さらに各地で発見される「土偶《どぐう》」など、縄文文化は、アイデアや個性に溢《あふ》れた、興味の尽きないものになっていきます。

しかし忘れてならないのは、**この時代の日本人は常に〝自然とともにあった〟こと。**なんせ縄文時代は1万年以上も続き、旧石器時代を除けば、日本人が一番長い歳月を費やした時代なのです。

いまでも私たちは自然を愛し、基本的には環境破壊《はかい》を良しとしません。エコカーに象徴されるような環境技術は世界の最先端を走っていますし、2011年以降は原発にも厳しい目が向けられるようになりました。こうした日本人の特質は、はるか遠い昔の縄文時代に、すでにつくられていたのではないでしょうか。

∷平和で平等な私たちの理想社会

縄文時代に育まれた日本人の特質として、私は何より、つながりを大切にし、相手を尊重する〝平等文化〟があるような気がしています。

そんなものが日本にあるのか？　と思うかもしれませんが、その後の日本史を見ても、我が国には絶対的な権力者というのは、ごくわずかしか登場してきません。江戸時代などを見ても、基本的には徳川家が頂点に立ちながらも、各地の大名が協力して、それぞれの領地を支配するシステムだったのです。

「日本的経営」というのは、経営者がトップダウンで決めるのでなく、中間管理職が中心となって判断する組織。経済を支配した「護送船団方式《ごそうせんだんほうしき》」も、ようは誰かの一人勝ちを防ぐシステムでした。

つまり日本人というのは、誰か一人が突出するのを嫌う、平等思考をもっている民族だといえるのではないでしょうか？

そこで縄文時代に目を向けると、すでに考古学的な証拠から定住生活が明らかになっており、10棟から数十棟の住居をともなった「ムラ」が各地で発見されています。

◉縄文時代中期中頃の三内丸山集落の様子

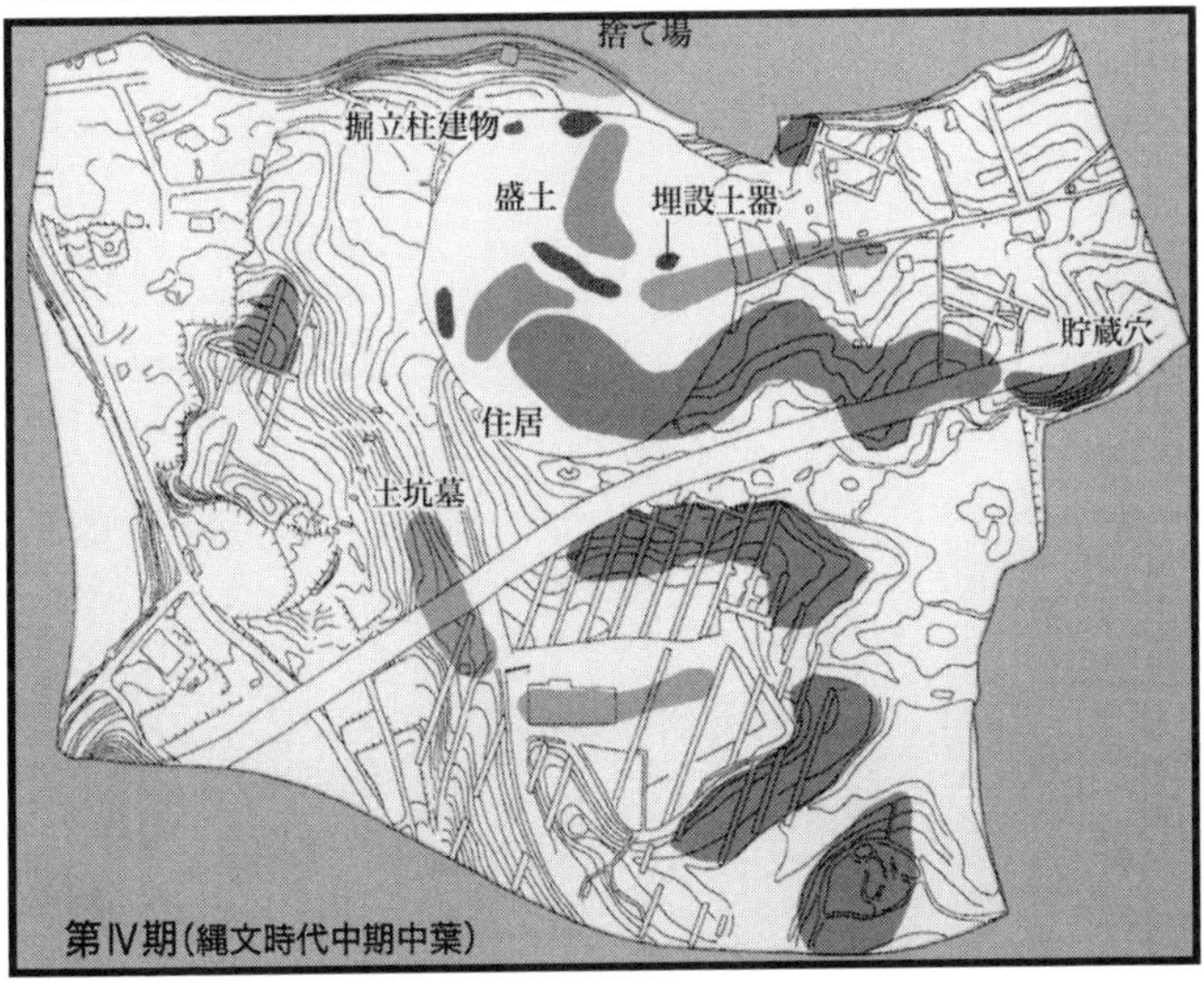

(青森県教育庁文化財保護課所蔵)

『縄文時代ガイドブック』(勅使河原彰著、新泉社)では、この当時の社会を「互恵《ごけい》と平等主義に基づいた氏族共同体社会」と推定しています。

「氏族」とは〝祖先を共通する一族〟ということで、親戚同士でつくられた共同体が日本のあちこちにあったということ。

ただ青森県で発見された「三《さん》内《ない》丸山遺跡」では580の住居跡が発見されており、これらがすべて同族かどうかには疑問が残ります。

一方でたくさんの「ムラ」が

あっても、争った跡は発見されていません。代わりに石でつくりあげた巨大な祭司《さいし》施設や、石器をつくるための採石場などを、複数のムラが共同で使用していたことがわかっています。

その他にもヒスイや黒曜石、あるいは塩など、広範囲で交易された品物も存在しており、**縄文時代は各地のムラが協力し合い、価値ある資源を分け合っていた平和な社会だったことが想像できます。**１万年をすごしたこんな世界こそ、じつは日本人の心の奥底にある理想社会なのかもしれません。

3 常識的に知っておきたい「日本神話」

……国家草創の時代に何があったか？

朝鮮半島からやってきた日本人

紀元前4世紀くらいに、日本には米をつくる技術が伝わります。それとともに始まるのが「弥生時代」と呼ばれる時代です。

なぜ日本人は、狩猟採集の文化から、米を主食とする文化に切り替えたのか？

じつは縄文時代にも稲は伝わっており、九州を中心に、一部では栽培まで行なわれていたこともわかってきています。ただ彼らは農耕生活にはシフトしませんでした。

ではどうして農耕が始まったのかといえば、ようするに農耕文化をもった民族が、朝鮮半島から渡来してきたから。日本人の起源として、現在では90年代に提唱された「二重構造モデル」というのが一般的になっています。

つまり北から西から、あるいは南からと日本にやってきた人々が第一段階の日本人をつくった。その後、あらためて西の朝鮮半島から農耕文化をもった民族がやってきて縄文人たちと混血した。これが現在に続く日本人の元となっている……ということです。

国立科学博物館に行くと、遺跡から出土した骨格による、縄文人と弥生人の復元図が展示されています。

2つを比較すれば、縄文人は背が低く、角張った顔をして、くせ毛。目は二重です。一方の弥生人は、縄文人に比べると背が高く、面長で直毛。目は一重になっています。

自分はどっちだ？　……と想像しますが、たいていの日本人は両方の特質を多かれ少なかれ持っているもの。

大切なことは**私たちは長い歴史を通して、他地域からやってきた人々が混じり合って生まれたハイブリッド民族であり、またお隣の朝鮮半島とも明らかに血縁種であるということです**。いがみ合うのはおかしいことでしょう。

いずれにしろ稲作が入ってきたことで、これまでの縄文社会は一変していきます。

何より「ムラ」が多くの人口を養えるようになったことで、人口は拡大。「町」や「国」に匹敵するような大集落が生まれていきます。九州で発見された吉野ヶ里《よしのがり》遺跡などは、人口1000人～5000人という大規模な集落でした。

しかし弥生時代に始まった大変革は、我が国に生きる人々にとって、決して穏やかなものではありませんでした。

神話と遺跡に残る「戦争の時代」

皆さんは『古事記』や『日本書紀』といった書物を、読んだことがあるでしょうか?

この2つの書物は、ともに8世紀初頭に編纂《へんさん》された歴史記録とされています。両者とも神の時代から始まり、歴代の天皇の功績を編年形式で綴《つづ》ったもの。黄泉《よみ》の国まで妻のイザナミを追いかけていくイザナギの神話、天の岩屋戸に引きこもった天照大神《あまてらすおおみかみ》の話、また大《おお》国主《くにぬし》による因幡《いなば》の白ウサギの話などは、昔話として記憶している人も多いでしょう。

通常、神の時代の話、あるいは神武《じんむ》天皇に始まる初期の天皇にまつわる話は、日本史における史実ではない、架空の人物だとされています。したがって学校の授業で、これを教えることはほとんどありません。

しかし少しでも神話に目を通してみると、古代の人々が私たちの国の成り立ちをどのようにとらえていたかが、よくわかります。

何より2つの記紀が教えてくれるのは、残念ながら日本国家は〝戦い〟によって生まれ

◉神々の系図

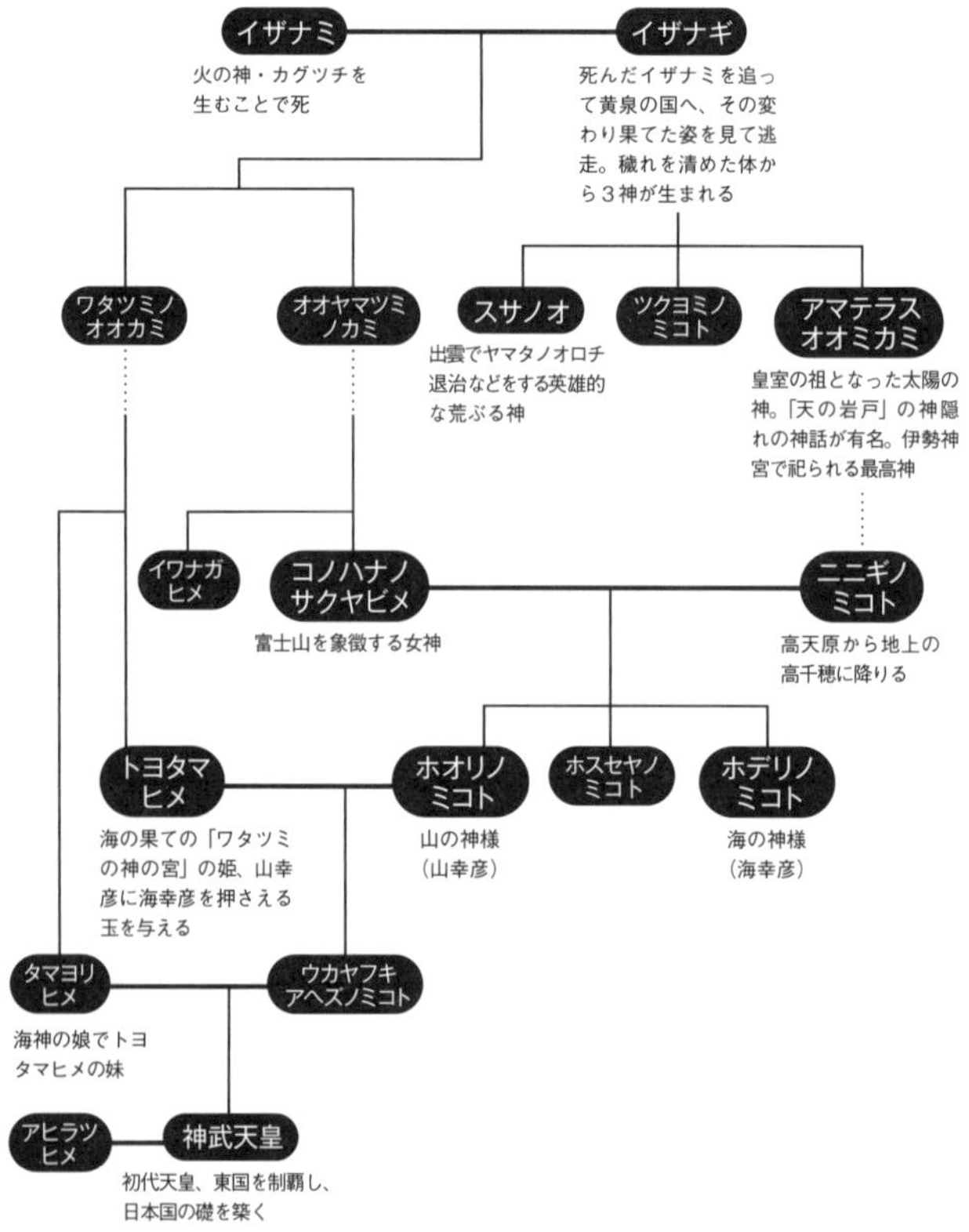
イザナミ
火の神・カグツチを生むことで死
イザナギ
死んだイザナミを追って黄泉の国へ、その変わり果てた姿を見て逃走。穢れを清めた体から３神が生まれる
ワタツミノオオカミ
オオヤマツミノカミ
スサノオ
出雲でヤマタノオロチ退治などをする英雄的な荒ぶる神
ツクヨミノミコト
アマテラスオオミカミ
皇室の祖となった太陽の神。「天の岩戸」の神隠れの神話が有名。伊勢神宮で祀られる最高神
イワナガヒメ
コノハナノサクヤヒメ
富士山を象徴する女神
ニニギノミコト
高天原から地上の高千穂に降りる
トヨタマヒメ
海の果ての「ワタツミの神の宮」の姫、山幸彦に海幸彦を押さえる玉を与える
ホオリノミコト
山の神様（山幸彦）
ホスセヤノミコト
ホデリノミコト
海の神様（海幸彦）
タマヨリヒメ
海神の娘でトヨタマヒメの妹
ウカヤフキアヘズノミコト
アヒラツヒメ
神武天皇
初代天皇、東国を制覇し、日本国の礎を築く

ているということ。架空の存在であるとはいえ、アマテラスの弟であるスサノオが、アマテラスの子孫である神武天皇が、その子孫であるヤマトタケルが、西から東へ、東から西へと日本を遠征し、たいていは武力によって国家平定をしていくわけです。

一方で弥生時代

に発掘された考古学的証拠を見ていけば、否定する声もありますが、やはり戦争の痕跡《こんせき》が増えていきます。深い溝や柵《さく》で防御した集落、朝鮮半島からもたらされた鉄製の剣《けん》、矛《ほこ》、盾《たて》などの武器。そして首を切り落とされたように見える遺体や、胸を貫いたかのように遺体とともに発見された矢じり……。

稲作が始まり、ムラが大規模な集落になっていく過程は、1人の権力者が大きな力を掌握《しょうあく》していく過程でもあります。

そして2つの大きなムラが並び立つようになれば、やがて争いも起こる。あるいはより豊かな地を求めて移動するようなことも起こったかもしれない……。

これは決して日本に限った話ではなく、ローマだろうが中国だろうがエジプトだろうが、世界各国のあらゆる地域で、国家創世記には起こっていることです。ですから私たちも自分たちを決して例外と考えず、戦《いくさ》の暗いDNAを携えていることをわきまえて、「世界」というものを客観的に見る必要があるのかもしれません。

いずれにしろ、こうした国と国との対立のなかで、やがて3世紀に「邪馬台国《やまたいこく》」と呼ばれる国が登場してきます。

4 「古墳」を語ると「国の始まり」が見えてくる

……大和朝廷の誕生と弥生時代から古墳時代へ

■女王ヒミコは何者だったのか？

あなたが一国を率《ひき》いるリーダーだったと考えてみてください。外国人に学んだ米づくりを学ぶとともに、最新式の武器で防御を固め、なんとか平和は維持《いじ》することができた。でも、全国を見れば、やはり同じような国がたくさんできているのです。思い切って他国を制圧してナンバーワンになるべきか？　それとも話し合いで平和をつくるべきか？　話し合うとして、全部の国のリーダーになるのに相応《ふさわ》しい人物なんているのか……？

誰しもが納得する人物……そうだ、あの女性に頼んでみては？　武力はないけれど、神様の声を聞いてスピリチュアルな占いをするという。そういう人をリーダーにするなら、誰も文句を言わないのではないか……？

そんなふうにして選ばれたとされるのが、日本史上、最初のリーダーとして登場するヒミコです。3世紀末に中国で書かれた『三国志』のなかにある「魏志倭人伝《ぎしわじん》」に、この伝承が記されています。

「倭国《わこく》乱れ、相攻伐《あいこうばつ》すること歴年、すなわち共に一女子を立てて王となす。名づけて卑弥呼《ひみこ》という。鬼道《きどう》につかえ、よく衆を惑《まど》わす」

事実であれば、いまの日本からは想像できない女性優位。平和的で誇らしい、国づくりのあり方でしょう。

女王・ヒミコの都があったとされるのが「邪馬台国」。「北九州にあったのか、それとも大和地方、すなわち畿内《きない》にあったのか？」で、論争が繰り返されています。

難しいのは、当時の日本は、まだ文字がほとんど使用されない社会だったこと。「ヒミコここに眠る」という墓標が発掘されたり、「邪馬台国」と書かれた看板が見つかることはありません。「天皇陵」とされている古墳の調査が限定されていることもありますが、確たる証拠を見つけるのはかなり難しいことでしょう。

北九州に邪馬台国があったとすれば、その国は地方の小さな国であったと考えられます。逆に畿内にあったとすれば、その国は後の大和朝廷へ続く、日本国の中心ではないかと考えられます。だから議論が活発だったのですが、だんだんと3世紀末頃の遺跡が発掘されるにつれ、当時の日本の様子も明らかになってきました。

北九州や畿内だけではない、どうも広島から岡山、出雲と北陸、それに東海、関東……と、ある程度の規模をもった集団が弥生時代末には多数できていたようです。

すると、そのなかで規模も大きく、リーダーになりそうな集団はどこかと考えると、やはり現在は畿内が最も有力と考えられています。

これを裏づけるように、中心と考えられる纒向《まきむく》遺跡からは王宮跡らしきものも発掘され、近くにある最古の前方後円墳・箸墓《はしはか》古墳も、どうも3世紀末にまで溯るのではといわれています。するとここがヒミコの王宮であり、墓ではないかという説も出てきました。

ボトムアップで「日本の王」は誕生した

前方後円墳とは、日本史で習った通り、鍵穴《かぎあな》のような古墳。箸墓古墳は全長280メートルの巨大な古墳ですが、この登場をもって「古墳時代」と呼ばれる時代に入ります。

宮内省の比定では、箸墓古墳の被葬者は、8代目の孝元《こうげん》天皇の姉・ヤマトトトヒモモソヒメ。神様に嫁ぎますが、その正体が蛇であることを知ってしまい、陰部を箸で突いて自殺したとされる女性です。

◉箸墓古墳

（撮影：アジア航測株式会社、奈良県立橿原考古学研究所 所蔵）

現在、天皇陵や皇族の墓とされる古墳の被葬者は、江戸時代や明治時代に定められたもので、必ずしも実際の被葬者を表しているわけではありません。これは世界最大の長さ８４０メートルという規模を持つ、仁徳《にんとく》天皇陵（大仙《だいせん》陵《りょう》古墳）にしても同じことです。

しかし箸墓古墳の以後、畿内の有力者が巨大な前方後円墳をつくり始める。それに伴って地方の有力者も同じ形の古墳をつくり始める。そして中央の王が中国からもらった鏡や、剣などを有力者に贈るようになった……ということから、**畿内の王＝天皇を中心とする国家が同盟によって徐々につくられていったのが、大和朝廷に至る道のりだったようです。**

ただ、先の仁徳天皇陵を含む古墳群が急に大阪につくられたりと、畿内の王の権力が一定であったかどうかも不明なところはあります。独特の祭祀をもっていた出雲に代表されるような、地方の対抗勢力もあったかもしれません。

また当時の王権が、先進地域であった朝鮮半島の百済や新羅などの国に影響を受けていたことも否《いな》めません。その点では初期の日本を治めた王たちは、その圧倒的な力でトップダウンに国を支配したのではなく、ボトムアップの形で、さまざまな勢力から押し上げられて国づくりをしていったというのが正しいのでしょう。

存在が確認されている初期の王に、千葉県の「稲荷山《いなりやま》古墳」で見つかった剣に名前が記されていた雄略《ゆうりゃく》天皇がいます。「武力による中央集権化をした王」と神話には記されますが、こうした試行錯誤《しこうさくご》を経て、次第に日本はつくられていくのです。

5 「日本人の思考方式」を確立した男、聖徳太子

……〝和〟の精神が日本の歴史を特徴づけた

■聖徳太子が登場した背景

古墳時代を通じ、ようやく日本には「王《おうきみ》」が生まれ、「国家」の形を成すようにはなった。けれども、その地位は決して安定したものではありませんでした。

8世紀に過去の伝承をまとめた『日本書紀』には、〝天皇暗殺〟というショッキングな記録が綴られています。殺されたのは、遷都したことで飛鳥時代の幕開けをつくった崇峻《すしゅん》天皇。その犯人は公然と記され、天皇暗殺を責められるどころか、堂々と権力を手中にしています。つまり「天皇＝王」も、当時はまだ絶対的な存在でなかったわけです。

この暗殺者とは、蘇我馬子《そがのうまこ》。後の「大化《たいか》の改新《かいしん》」まで実権を握った有力豪族です。

5世紀から6世紀にかけて大和の王権は混乱に陥り、やがて継体《けいたい》天皇という近江《おうみ》を治めていた人物が擁立《ようりつ》されます。この新王をバックアップしたのが馬子の父だった蘇我稲目《いなめ》。朝

鮮との交易にも従事し、財力も持っていたようです（水谷千秋著『継体天皇と朝鮮半島の謎』文春新書）。いずれにしろ1人の豪族に掻《か》きまわされてしまうのが、当時の王権。なのに**日本史における「理想のリーダー」が、他ならぬこの馬子のバックアップで表舞台に登場する「聖徳太子」と呼ばれる人物です。**しかし、その実像は近年、疑われてもいます。

「実際にはいなかったんじゃないか？」

「本当は大した働きはしなかったのではないか？」……などなど。

同時代の史料は乏しく、事実はわかりません。「聖徳太子」というのは後の時代につけられた称号らしく、どうも「厩戸皇子《うまやどみこ》」という皇太子が、叔母の推古《すいこ》天皇を補佐する立場にはいたらしい。しかし「優れたトップとしてこの時代にやっていてほしかったこと」が、後に彼の功績として語られるようになっているわけです。

では、その功績とはどんなことだったのでしょう。

・中国の隋《ずい》の国に遣隋使を送り、仏教などの学問を仕入れた
・冠位十二階の役職制度を定めた
・十七条憲法を定めた
・朝鮮半島にあった国、新羅に兵を送った

・仏教を取り入れ、法隆寺をつくった

これらが伝えられる聖徳太子の貢献ですが、大きく分けると、彼のリーダー像は「国際的な地位向上」と「国内的な秩序の設計」の2つを成し遂げたことになります。

古代の日本人が望んでいた、理想的なリーダー

聖徳太子による「国際的な地位向上」といえば、遣隋使として派遣された小野妹子《おののいもこ》が、隋の皇帝に渡した有名な国書の文面があります（607）。

「日出ずるところの天子、書を日没するところの天子に致す。つつがなきや」

つまり、日が昇る国の王が、日が沈む国の王に書面を出すぞ。ノープロブレムだろう？と。隋の皇帝は怒ったそうですが、それも当然で、隋は中国全土を支配していた超大国です。一方で日本は、朝鮮半島にあった高句麗、新羅、百済と争っていた東の小国。ひれ伏すのが当然で、対等どころか上から目線でものを言ってくるとは何事か！というわけです。

しかしながら聖徳太子のほうは気にしません。敵対していた新羅に軍を送ったうえ、はるかに巨大な存在であった隋にも「日本はこれほど強い国なんだぞ」と対等に張り合っているのです。つまり事実がどうであったかは別として、**〝強国に対しても決して威厳《いげん》を失わ**

ないリーダー〟を、日本人は心から望んでいたのでしょう。

そして「国内的な秩序の設計」に関しては、有名なのが「十七条憲法」の第1条の文面。

「和を以《もっ》て貴《とうと》しとなし、逆らうことなきを旨とせよ」

和を重んじ、相手を攻撃したりせず、物事は話し合いで仲良く解決しよう……と。

「十七条憲法」（604）は臣下に対して出された、日本発の法律と考えられるものですが、そこには〝強権をふるわず、相互的な理解と相手を思いやる精神で、調和を保ちながら組織を運営するリーダー〟という像がはっきりと見えます。

しかし、決して甘いだけのリーダーではありません。

「天皇の命令には、必ず従いなさい。君主は天で、臣下は地にあたる」（3条）

「悪を懲《こ》らしめ、善を進めるのは、古くからのルールである」（6条）

「朝は早く出勤し、夜は遅くに帰宅せよ。さぼってはならない」（8条）

「私心を捨てて公務に向かうのは、臣たるものの道である」（15条）

こんなふうに、「人の上に立つ者が守るべき厳しい規律」も、同時に定めているわけです。

十七条憲法も、本当に当時定められたものか議論があります。ただ、このとき生まれたリーダーの理想像が、現代にも十分に通用する姿であることは確かでしょう。

6 日本は女性たちが築いた国!?

……日本創世の頃に活躍した女王たちの秘密

飛鳥時代の女性リーダー

現代の日本は、政界でも経済界でも、世界の先進国に比べて女性リーダーの少ない国として知られています。

だから〝遅れている〟とはよくいわれるのですが、ようやく日本という国の形が整ってきた6世紀末の飛鳥時代から8世紀の奈良時代まで、じつは6人の女性天皇が誕生しています。推古天皇、皇極《こうぎょく》天皇（のちに斉明《さいめい》天皇としても即位）、持統《じとう》天皇、元明《げんめい》天皇、元正《げんしょう》天皇、孝謙《こうけん》天皇（のち称徳《しょうとく》天皇としても即位）……です。

ならば**私たちの祖先は、トップが男性であるか、女性であるかなど気にせず、能力や素養を平等に考える人々だったのか？**

しかしそれぞれの即位の背景には、バックにいた男性たちの政治的思惑があったことも事実です。

まず6世紀末に即位した推古天皇は、甥の聖徳太子（厩戸皇子）とともに執政《しっせい》を行なった天皇。欽明《きんめい》天皇の皇女で、用明天皇、崇峻天皇の死後、皇太子であった聖徳太子がまだ

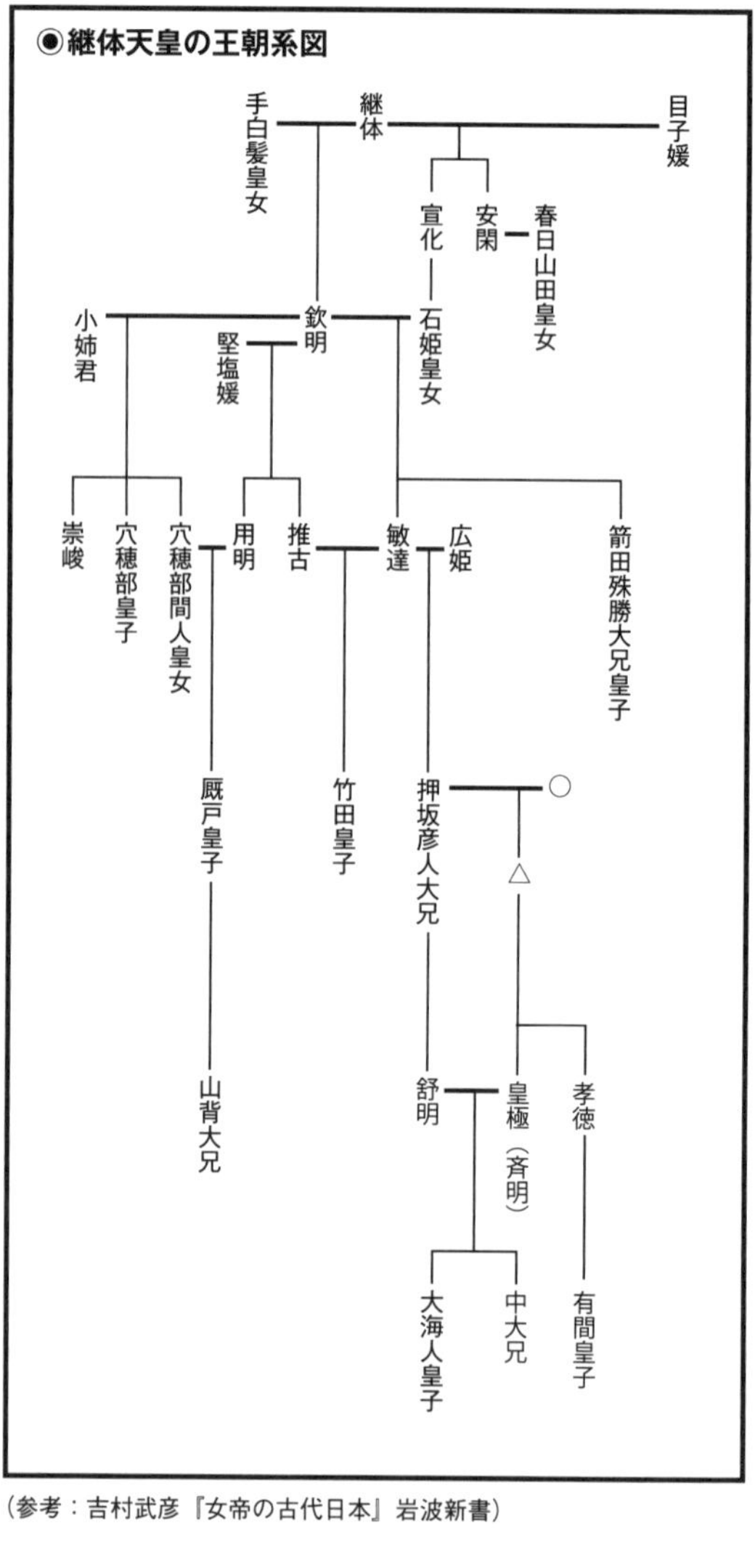

◉継体天皇の王朝系図

（参考：吉村武彦『女帝の古代日本』岩波新書）

19歳で若いという理由で、39歳の推古が即位することになったとされます。

適年齢の候補者がいなかったわけではありません。ただし当時は有力者だった蘇我馬子と物部守屋《もののべのもりや》の対立があり、蘇我氏が反対勢力を一掃した結果、彼の言いなりになる推古天皇が立てられたことが実際だったようです。

推古天皇が崩御した後、すでに48歳で死去した聖徳太子は世にありません。結果、馬子の息子であった入鹿の推挙で舒明《じょめい》天皇が即位。蘇我氏はますます勢力を増しました。

この蘇我氏を打倒したのが「大化の改新」（645）と呼ばれる事件ですが、「大化」という年号の改正と政治改革が行なわれたかは疑問視されており、最近は「乙巳《いっし》の変」と呼ばれているようです。主役は舒明天皇の息子であった中大兄皇子《なかのおおえのみこ》と、藤原氏の祖、中臣鎌足《なかとみのかまたり》。あるいは後に孝徳天皇となる軽皇子《かるのみこ》が首謀者《しゅぼうしゃ》ともいわれています。

定説をとれば、大化の改新のあと、大きな実権を握ったのは中大兄皇子。しかし彼は自ら即位することなく、舒明天皇の亡きあとは、母親で、舒明天皇の皇后であった皇極天皇が即位。2人目の女帝になるわけです。

この皇極天皇は弟の軽皇子に一度皇位を譲りますが、即位した孝徳《こうとく》天皇が亡くなると、再び斉明天皇として即位しました。なぜ中大兄皇子が皇太子のままでいることにこだわったのかはわかりませんが、１つの理由には当時の国際情勢があったのかもしれません。

アジアに目を向けると、唐《とう》王朝が隋を滅ぼして中国を統一。朝鮮半島の新羅と組んで、百済の国へ進出。中大兄皇子らは百済救済の軍事介入を決意します。日本最初の対外戦争、これが「白村江《はくすきのえ》の戦い」（６６３）です。

結果、日本軍は大敗するのですが、積極的に対外に打って出る皇太子に対し、母天皇は母性でもって国を守る立場に置かれたのかもしれません。

■ 天武天皇と持統天皇の時代

推古天皇、皇極天皇（斉明天皇）の２人は、ともに執政を担《にな》う息子を保護者のような立場で見守る女帝でした。しかし次の持統天皇になると、女帝の活動はより積極的です。

この持統天皇は天武《てんむ》天皇の妻。前述の斉明天皇が崩御《ほうぎょ》したあと、やっと中大兄皇子は天《てん》智《じ》天皇として即位し、次は息子の大友皇子《おおとものみこ》に皇位を継承しようとします。

それに「待った」をかけたのが、天智天皇の弟の大海人皇子《おおあまのみこ》です。天智天皇の都があった近江を中心にした大乱となりますが、これが世に言う「壬申《じんしん》の乱」（６７２）。

勝利した大海人皇子は天武天皇として即位。ここで「天皇」という称号が初めて使われ

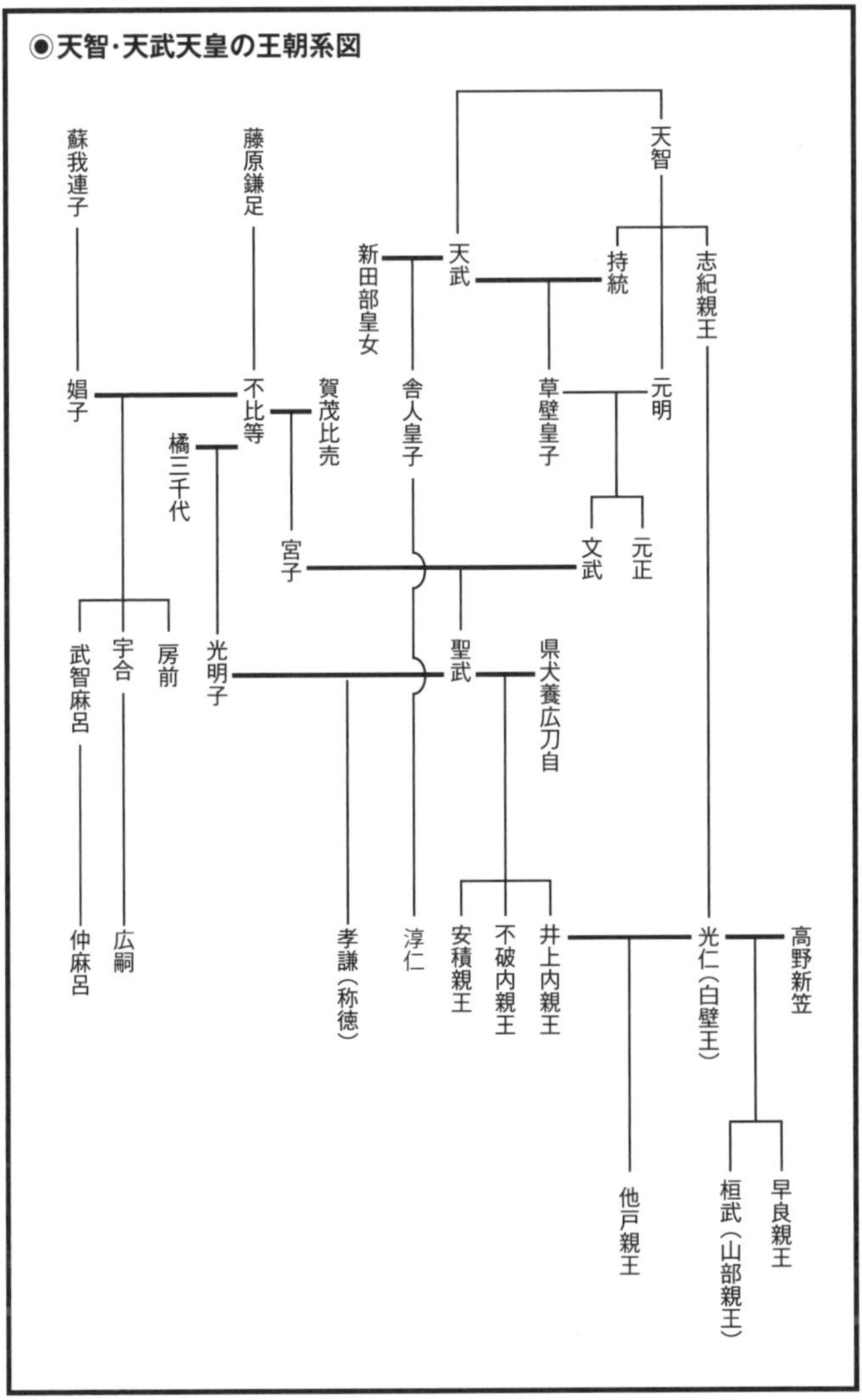

（参考：吉村武彦『女帝の古代日本』岩波新書）

ますが、「大宝律令《たいほうりつりょう》」の制定など、彼は中央集権化に向けた大改革を進めようとします。

ところが治世12年にして、道半ばで崩御《ほうぎょ》。夫の野望を代わって果たそうとしたのが、妻だった持統天皇になるわけです。

日本最初の法令である「浄御原《きよみがはら》令」の発布に、「藤原京」の建設と、精力的に活動した持統天皇ですが、その傍《かたわ》らで息子の草壁皇子《くさかべのみこ》を即位させるために対抗勢力の粛清《しゅくせい》も行ないます。ところがこの草壁皇子が早逝《そうせい》すると、こんどは孫を即位させることに奔走《ほんそう》します。

やがて文武《もんむ》天皇が15歳で即位すると、彼女は太上《だじょう》天皇として実権を握るわけです。このとき「大宝律令」も制定されました。その女帝ぶりを見ると、決して男性権力者たちに翻《ほん》弄《ろう》されるのでなく、自らの野望を強く叶えようとするリーダーの姿が垣間《かいま》見られますね。

■ 運命に逆らおうとした女王と皇室のスキャンダル

文武天皇は病弱で、25歳の若さで崩御。彼が皇位を託したのは、実の母だった元明天皇。天武と持統の義理の娘でありながら、天智天皇の娘という複雑な立場だった女性です。

元明天皇も文武天皇の息子であり、自身の孫である首皇子《おびとのみこ》（のちの聖武《しょうむ》天皇）に、いずれは皇位を継がせることを期待しました。しかし彼もまだ10代で、若くして即位し、それが理由かどうかはわかりませんが寿命を縮めた息子・文武天皇の悲劇を知っていた……。

そこで娘であり、文武天皇の姉であった皇女を即位させ、自らは太上天皇になるという異例の支配体制をつくりあげます。この皇女が元正天皇ですが、日本はこのとき母娘の女王が2人で支配する、世界的にも珍しい女王国になったわけです。

やがて彼女は甥の首皇子に皇位を譲り、彼が後に紹介する聖武天皇になります。

その聖武天皇が崩御すると、こんどは1人娘の孝謙《こうけん》天皇が即位。彼女もやはり未婚の天皇として、台頭した藤原氏に振りまわされることになりますが、一度、位を譲ったのち、称徳天皇として復活すると、朝廷内で威力を増す藤原氏に対して女性ながら抗《あらが》うことを決意します。このとき彼女がパートナーとして選んだのが、有名な弓削道鏡《ゆげのどうきょう》という僧侶でした。

称徳天皇と道鏡の関係は、皇室を汚したスキャンダルとしてよく語られます。実際、彼女は道鏡をゆくゆくは天皇に即位させようとしたのですが、**そこに恋愛感情はなく、むしろ争いの絶えないこの国を、仏教の力で平和に治めようと願ったのではともいわれます。**

だとすると彼女もまた、弱い立場の女性でありながら、時代を変えようと奮闘したリーダーだったのかもしれません。

第 2 章

「日本」という国を発明した究極的アイデア！

飛鳥、奈良、平安～中国から学んだものと〝独自創造〟したもの

知ってておきたいこと

世界のどこにもない国を歩みだした日本

ときは平安時代の894年、天皇を補佐する地位にあった菅原道真《すがわらのみちざね》は、中国への使節、すなわち「遣唐使《けんとうし》」の派遣を中止します。

当時の中国王朝である唐に、もはや勢いがなかったから。遣唐使を唐に送って排除しようとする藤原氏の企《たくら》みを見抜いたから。さまざまな理由はありましたが、大きかったのは、すでに「中国から学ぶべきものは何もない」と判断したことでしょう。

平安時代までに、もう日本は世界のどこの国とも違う歴史を歩み始めていました。

中国から取り入れた文字は、多くの人が使える「仮名」に変換され、そのことが独自の執筆文化、あるいは読書文化をつくっていきます。

また最澄や空海が先陣を切って日本に導入した仏教も、修行によって悟《さと》りを得るものでなく、魔を退《しりぞ》け、福を呼び寄せる「スピリチュアルなもの」として定着しました。

これらはいずれも現代につながる日本文化の特徴になっていますが、大きいのは日本という国家の、独自のあり方がこの時期に確立したことでしょう。

現在も日本という国は、「天皇」という、世界最古の王家が治めている国です。それ以外の世界の王家は皆、途絶えました。なぜならどこの国も、「誰かが古い王家を滅ぼして、新しい王として君臨する」という歴史を繰り返してきたからです。

日本がそうならなかったのは、決して〝平和だったから〟というわけではありません。

奈良時代から平安時代にかけて、藤原氏の一族は次々と天皇家に娘を輿入《こしい》れさせ、外戚《がいせき》として実権を握るシステムをつくりあげます。事実上、政権を運営するのは藤原氏であり、天皇はあくまで「象徴」として天下のまつりごとを行なう存在としていったのです。

ですから日本においては、天皇の権力を奪うことにあまり意味がありませんでした。幕府に、現代に続く政府に……と、実権者は次々と代わりますが、どの時代も王権はいままでどおりの象徴として敬意を払われ続けます。

しかし平安時代まではその黎明期《れいめいき》。貴族だった藤原氏も、民衆に向かい合う為政者《いせいしゃ》ではなく、あくまで祭事を司《つかさど》る側にすぎません。よって民衆からしてみれば、平氏や源氏が登場するまでの日本は、ほとんどリーダーシップ不在の混乱期にもなっていたわけです。

そのような「リーダーシップ」の側面から考えると、奈良時代、平安時代に起こる、さまざまな問題は、現代の私たちの組織にとっても学ぶところが大きいでしょう。

7 日本は古代中国から何を学び、何を独創したのか？

……「聖都」と「律令制」と「日本語」の発想術

■天武天皇による「日本」の始まり

1章の最後に紹介した「壬申の乱」（672）。天智天皇が後継者に指名した大友皇子を、天皇の弟だった大海人皇子が破り、天武天皇として即位しました。

この天武天皇によって、日本という国は大きな転機を迎えます。彼が行なったとされることを挙げてみましょう。

- 王は「天皇」という称号を名乗るようになった
- 中国の長安に倣《なら》った、本格的な都の造営を企画→藤原京の設計、平城京の前身に
- 中国から律令制を取り入れ、法による支配を目指す→後に「大宝律令」として完成
- 木簡《もっかん》を使った文書行政を徹底化
- 『古事記』『日本書紀』などの編纂を企画、王の権威を強化する

・そもそも日本という国名を名乗るようになったのも天武天皇から

実質は13年ほどの短い治世になった天武時代。しかし彼の描いた展望の多くは、皇位を継いだ妻の持統天皇や、後の時代の天皇たちに受け継がれました。

彼の描いたビジョンの意図は明確です。すなわち朝鮮半島にあった国々やはるか中国にも劣らない、王によって支配される強い国を天武天皇は目指したわけです。そのお手本は、律令制や都を参考にした大帝国、中国の「唐」だったのでしょう。

天武天皇が始めた動きが、その後の奈良時代、平安時代をつくっていきます。

しかし結果的に出来上がっていく国の形は、唐とは似ても似つかぬものになる。天武天皇の意図がどうであったにせよ、時を経《へ》るごとに、日本は独自性を増していくのです。

それは彼が取り入れた法による支配、「律令制」を見てもわかります。理想は強い国家体制を敷くための法制化だったとしても、日本は中国の王権を強くしていた肝心な制度を取り入れていません。

それはエリート官僚を試験によって抜擢《ばってき》する制度＝科挙《かきょ》であったり、去勢した男官に宮廷の管理をさせる制度＝宦官《かんがん》などですね。

事実、日本は律令制をとったにもかかわらず、藤原氏のような貴族による究極的なコネ制度がまかり通っていきました。「娘を有力者に嫁《とつ》がせること」が出世の有力な手段となり、天皇の権力すら、やがて名目上のものとなっていきます。よくも悪くも、奈良時代以降、日本は他のアジア諸国と完全に違った、独自の国を歩みだすのです。

∷文字も「日本化」して取り入れた！

天武天皇の時代から、本格的に使用されるようになったのが文字。もちろん中国の漢字を借用する形で日本の文字文化はスタートします。

意外なようですが、「文字がある」ということは、文明が発達する条件ではありません。有名な『銃・病原菌・鉄』（草思社）という本で、ジャレド・ダイアモンド氏は、エジプト、メソポタミア、中国、マヤ、イースター島など、世界中のごく少数の地域でしか文字が発明されなかったことを指摘します。後のアルファベットも、エジプトの象形文字から派生したものです。

たとえばインカ帝国のように、文字を持たなかった帝国も歴史上にはあります。その国が文字を使うようになるには、「文字文化と接触する」「文字を使うことがその社会にとって有用となる」「大勢の文字を使える専門職を養える」という条件が必要なのです。

日本は天武天皇の時代から、明らかに文字の使用が加速しました。

それまで日本における文字の使用は、剣のような贈呈品に入れる銘文が主だったのです。その文字を読めるかどうかは、大きな問題ではありませんでした。

しかし7世紀末から8世紀にかけて、木簡に文字を書いて行政文書として使う例が増えていきます。先の条件でいえば文字の使用が天皇の目指す中央集権化に都合がよく、また朝鮮半島からの移民など、文字を使える官吏の重用《ちょうよう》も増えたことを示しているのでしょう。

しかし一度文字が使われだすと、中国から借用した漢字も、やがて日本化していきました。すでに7世紀には、次のような文字を書いた木簡が出土しています。

「奈尓波ツ尓昨久矢己乃波奈」

読み方は「なにはつにさくやこのはな」で、「難波津に咲くやこの花冬ごもり 今を春べと咲くやこの花」という歌の冒頭です。

つまりこの段階で、漢字も文字を借りるだけで、読み方はあくまで日本語。しかも題材は和歌で、すぐに日本オリジナリティの使い方に切り替わっているわけです。

これらの歌は8世紀に編纂された『万葉集』によって整理され、10世紀の『古今和歌集』になると、漢字を簡略化した日本独自の発明による「仮名」文字へ発展するのです。

8 遷都と大仏の仕事術

……「理想の国」になるまでの試行錯誤とは？

日本に必要だったユートピア

７１０年、唐の長安に倣った都が奈良に誕生。これより日本史で「奈良時代」といわれる時代が始まります。

これだけを見ると、飛鳥に首都があったから飛鳥時代。奈良に来たから奈良時代。次は京都だから平安時代……と、後の「鎌倉時代」や「平安時代」のように考えがちです。

じつは江戸時代まで、首都、つまり王宮のある場所は、頻繁《ひんぱん》に変わっていました。

飛鳥時代を見れば、孝徳天皇がつくったとされる「難波宮《なにわのみや》」を除けば、そのほとんどは飛鳥内での王宮の移転。天智天皇が近江大津宮《おおつのみや》に遷都《せんと》したあと、天武天皇は飛鳥に都を戻しますが、すぐ藤原京の建設を決意。持統天皇はその藤原京の王宮が完成する前に、平城京に遷都。そこで文武天皇が即位します。

この藤原京も、6キロ×5キロの平城京には及びませんが、2キロ×3キロの立派な都だったのです。それがいとも簡単に放棄《ほうき》されてしまう。平城京自体も85年の命で、長岡京から平安京へと遷都されました。

建設に携わる人も大変ですが、そのたびに引っ越す役人もたまったものではありません。なぜ古代の王たちは大がかりな都づくりを繰り返したのでしょうか？　遷都の理由について、『平城京 その歴史と文化』（小学館）には、次のような一般論が挙げられています。

①　宮殿の建築構造に問題があった
②　凶変が起こったときに都が汚れたと考えられた
③　政治的な意図があった
④　中国の都城の影響を受けた
⑤　国際情勢に対応した
⑥　火災などが起こった
⑦　道教の影響を受け都市計画思想が発展した

当時の日本を治めていたのは持統天皇です。彼女は戦乱の時代を乗り越え、やっと王位に就いた亡き夫、天武天皇の残した夢を実現させるために女性天皇として即位した人……。

だからこそ、**意を継いで建設する都は、この国を太平に導くユートピア都市でなければならなかったのかもしれません。**

しかし704年に帰ってきた遣唐使の言葉を聞くと、新都として築いた藤原京は、肝心の理想郷である長安とはちょっとズレているらしい。だからだろうか？　遷都してすぐ、藤原京では伝染病も発生している……。

そうすると国家を治める立場としては、より新しい都をつくるしかなかった、ということでしょう。それもすべて王として「なすべきこと」でした。

しかし聖都として造営された平城京。果たしてユートピアとなりえたのでしょうか？

こうして世界最大の大仏がつくられた！

724年、元明天皇の孫であり、文武天皇の息子だった首皇子が聖武天皇として即位します。彼は即位してすぐ、さんざんな目に遭遇することになります。

それは干ばつに、阪神淡路クラスの大地震、そして天然痘《てんねんとう》の大流行という自然災害がもたらした国家危機でした。

細菌やウイルスに対する知識もなく、治療法も確立されていない時代、天然痘のような伝染病は国家をゆるがす脅威です。じつは水洗トイレもつくられたという平城京ですが、それでも川の水路を利用しただけで、衛生環境は決してよくありません。人口が密集した都市になると、パンデミック（感染症の大流行）が起こりやすい状況でもあったわけです。

井沢元彦さんの『逆説の日本史』（小学館文庫）は、日本における「怨霊《おんりょう》信仰」に重きを置いています。恨《うら》みを残した人間が怨霊となって災いを起こす……そんな思想ですが、理不尽な自然災害はまさにそんな超自然と結びつきやすくなる。

そして祟《たた》られるくらい後ろめたい相手もいたのです。

それはときの権力者だった藤原氏に無実の罪を着せられ、自害した人物、長屋王《ながやのおおきみ》という人です。藤原氏の血を引く聖武天皇の妻、光明皇后《こうみょうこうごう》の擁立《ようりつ》に反対したため……とされますが、伝染病の影響で藤原氏一族からもバタバタと死人が出ますから、それこそタタリは本物かと恐れられたわけです。

ならばタタリに対抗するのは、スピリチュアルな力で……と建立されたのが、奈良の大仏様。それは国を立て直すために、なんとしても必要なものでした。

この大仏をつくるために、神道《しんとう》の神様である宇佐《うさ》八幡《はちまん》神を呼んだ……などとありますから、どれだけ当時、仏教に対する理解があったのかわかりません。とにかく「国家のため

◎タタリの年表（参考：井沢元彦『逆説の日本史2』小学館文庫）

時代	年	元号	出来事
神代	3〜4世紀？		国譲りの後、オオクニヌシの霊が出雲大社に封じ込められる
	5世紀？		崇神天皇が疫病を流行させたオオモノヌシ（オオクニヌシ）の霊を封じ込めるために、子孫にこれを祀らせる
飛鳥時代	645	大化元	聖徳太子一族を滅ぼした蘇我一族（本家）が滅亡
	672		壬申の乱、天智王朝の滅亡
奈良時代	729	天平元	無実の罪で長屋王の一族滅ぼされる
	737	天平9	藤原4兄弟、疫病で全滅
	741	天平13	国分寺創建の詔《みことのり》
	743	天平15	大仏建立の詔
	770	宝亀元	称徳女帝死す（天武・持統朝の滅亡、天智王朝の復活）
平安時代	794	延暦13	桓武天皇、平安京に都を遷す
	800	延暦19	桓武天皇、無実の罪で死んだ早良皇太子に「崇道天皇」の号を贈る（怨霊信仰の「正史記載」始まる）

に仏頼み」といった要素が強かったのでしょう。

聖武天皇の「仏教を信奉すれば国は救われる」という思いは非常に強く、さっさと皇位は娘（孝謙天皇）にゆずり、自分は出家してしまいます。全国に「国分寺」も建てました。

また妻の光明《こうめい》皇后も仏教に帰依《きえ》し、自ら「施薬院《しやくいん》」で伝染病患者の看病にあたったことは有名です。

合理的なやり方ではないかもしれませんが、これらもすべて安定した国を築くための身を犠牲にした努力。そのお陰で、現在の日本は世界遺産に恵まれたわけです。

9 藤原一族がつくった〝日本的統治〟の伝統
……出世主義から生まれた暗黒の時代

∷藤原氏がいかにして権力を手中にしたか

時は溯《さかのぼ》って、7世紀の飛鳥時代のこと。18歳になる皇太子がサッカー……ならぬ蹴鞠《けまり》をしていたところ、靴がすっぽぬけて飛んでいってしまいます。

そこへ通りがかった30歳の若手貴族。靴を拾い、うやうやしく皇太子に差し出します。

「ウワサ通りの、やんちゃ者ですな。皇子は……」

なんてことを言ったかどうかはわかりませんが、この出会いが奈良時代、平安時代という日本史を決定づけるのです。青年は後に天智天皇となる中大兄皇子、若者は中臣鎌足。2人は「乙巳《いっし》の変」により蘇我氏を倒すことになりますが、中臣氏は「藤原氏」と名を変え、後の時代を通じて日本を動かす存在となっていきます。

天智天皇の死後は、壬申の乱によって彼の息子である大津皇子を破った天武天皇が即位しましたから、鎌足一族は歴史上から姿を消してもおかしくなかったのです。

ましてや鎌足の息子の不比等《ふひと》は、〝天智天皇の隠し子だった〟という説もあるほど、天智側に近かった人物です。ところが天武亡きあと、その妻、持統天皇に近づき、藤原姓を賜《たまわ》ると、娘を天皇家に嫁がせ、生まれた子を皇太子にして、聖武天皇として即位させます。

奈良時代と平安時代の政治史は、ほとんどこのパターンの繰り返しでした。①不屈《ふくつ》の忍耐力をもって王権に取り入り、娘を天皇家に輿入れさせること、②ライバルはとことん排除すること、③それでいて自分自身が王権に代わろうとしないこと、の3点で藤原氏が権力を掌握《しょうあく》していく歴史でもあったわけです。

同じやり方でとうとう権力の極みに達したのが、平安時代の中期、10世紀に登場した藤原道長《みちなが》です。

「この世をば　わが世とぞ思ふ　望月の　欠けたることも　なしと思へば」と、自分の人生を欠けるところのない満月に喩《たと》えた歌は有名ですが、この歌は娘3人を天皇の后《きさき》にするという快挙を成し遂げたときに歌ったもの。

それでも彼は自分自身が王になるということはなく、あくまで摂政《せっしょう》や関白《かんぱく》という〝天皇の叔父〟という立場で、名目上は陰の存在として力を振るいました（摂関《せっかん》政治）。

このやり方はまさに日本独自で、他の国で、それだけの権力者であれば自分がナンバーワンになるでしょう。しかし**彼は「天皇」というナンバーワンの地位をあくまで〝象徴〟とし、自分はそれを左右する地位で力を持ったわけです。**このモデルは以後の日本史を通じて現代まで継承され、だからこそ日本はいまなお、世界最古から続く王族を頂く国になっているわけです。

■ 藤原道長の失敗に学ぶ

道長という人物のやり方を私たちはあまり快く思いませんが、組織のなかで出世をする上で参考になることは確かだと思います。

専務だったり、社長の娘婿だったり、そこまでいかなくてもトップの信頼を一手に握る人物だったり……サラリーマン社会の成功法則を、彼は10世紀という時代に確立しました。

藤原道長は、じつは最初から権力に恵まれていたわけではありません。四男として生まれているし、兄の息子などもライバル関係にありました。

しかし子どもの頃から権力者に対し、「その影を踏むのでなく、頭を踏んでやる」というほどの野望家だったとか。夢に賭ける執念が、彼の成功には大きく寄与しているのです。

ただ、決して見習ってはいけないこともあります。

たとえば政治家として道長が何をしたかといえば、とくに目立った功績はありません。

だいたい「娘三人を天皇の后にする」ということは、普通ならできません。そのために彼は次々と短い期間で天皇を譲位させたり、反対する天皇を騙《だま》して出家させたりというこ

◉藤原道長をとりまく系図

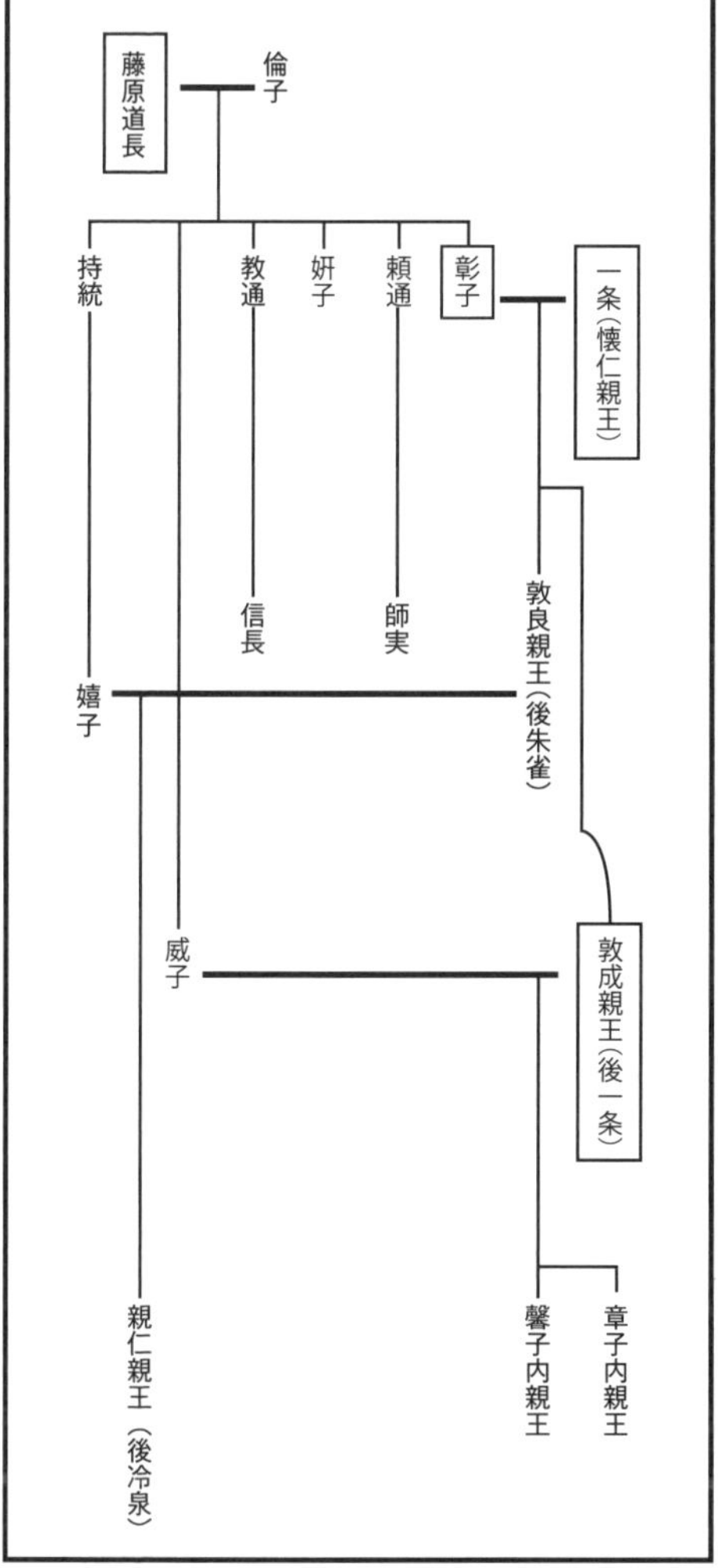

（参考：倉本一宏『紫式部と平安の都』吉川弘文館）

とまでしたのですから、国をよくするためのまともな政治などできないでしょう。

藤原氏の財力の源は、貴族の領地、すなわち「荘園《そうえん》」です。奈良時代の聖武天皇の治世に「墾田《こんでん》永年私財法」（743）が成立し、貴族が開発させた土地は永久に自分の領地にしていいことになりました。これによって広大な領地を持った道長は、別荘として宇治平等院を建てるほどの富も手にしています。

ところが国家の財政はといえば、平安京は死体が放置されるほどの不衛生さで、荘園以外の地方は困窮《こんきゅう》が進むひどい状態にあったわけです。**平安時代といえば、「貴族たちの華やかな時代」と認識している方も多いでしょうが、宮廷内では政権闘争が繰り返され、国家の治安は放置されるという、ある種の「暗黒時代」でもあったのです。**

そんななかで、地方を治める者として、やがて武士が台頭してくる。これも歴史としては必然ですし、それが藤原氏を衰退させていくのも当然の流れだったかもしれません。

また藤原道長も晩年は病気に苦しみ62歳で亡くなりますが、暴飲暴食や運動不足が祟ってのものだったとか。やはり人生にはバランスが大切なようです。

10 平安時代ってどんな時代？
……「スピリチュアル日本」の矛盾、なぜ学問の神様は祟るのか

■都に跋扈《ばっこ》する怨霊の正体は？

794年に桓武《かんむ》天皇が都を京都の平安京に移したことにより、平安時代が始まります。

平安時代……学校で習った知識から、皆さんどんなイメージを持っているでしょうか？

貴族たちが王朝文化を築いた華やかな時代？『源氏物語』を生んだ平和な時代？　あるいは前項で述べたような、陰謀《いんぼう》渦巻く暗黒時代？

じつは平安時代とは、魑魅魍魎《ちみもうりょう》の跋扈するファンタジーな時代だったのです！……そんなふうに言うと、まるでオカルトのように思われるかもしれませんね。

ただ、記録上ではたくさんの怨霊やタタリが、京都の町を襲っています。

平安時代に遷都したときも、やはりタタリは関わっていました。そもそも大仏の加護を配置してまで安定を願った平城京ですが、飢饉《ききん》や天災はおさまらず、それどころか称徳女

◎日本3大怨霊

菅原道真	平安時代の学者であり、政治家。９０１年に陰謀によって失脚で、９０３年に左遷先の太宰府にて死去。以後、都に祟りをなしたとされる。 【祀った場所】――太宰府天満宮（福岡県太宰府市）、北野天満宮（京都市上京区）など
平将門	平安時代の豪族。反乱を起こした末、９４０年に討たれる。京にさらされた首は各地へ飛び回り、祟りを起こしたとされる。 【祀った場所】――築土神社（東京都千代田区）、神田明神（東京都千代田区）など
崇徳天皇	平安時代、保元の乱によって後白河天皇と平清盛によって失脚した天皇。讃岐に配流される。怨霊は平氏没落の原因になったともされた。 【祀った場所】――白峰宮（香川県坂出市）、白峯神宮（京都市上京区）など

帝と道鏡のスキャンダルで皇室も混乱する有様《ありさま》。あとを継いだ桓武天皇の父、光仁《こうじん》天皇は天智天皇の家系につらなる傍系《ぼうけい》でした。

この時点ですでに呪《のろ》われている。そこで長岡京への遷都を決めますが、出だしから洪水が起こったり、伝染病が流行ったりします。

じつは桓武天皇は、息子を皇太子にするために、弟だった早良親王《さわらしんのう》に罪を着せる陰謀を企んだといわれます。早良親王は無実をうったえて自殺したのですが、その怨霊が長岡京に現われたため、天皇は新しい平安京を築いたというのです。**タタリに対処できるべく、平安京は「風水」を取り入れてつくった理想の都。その造営には「陰陽師《おんみょうじ》」と呼ばれる、怨霊退治の専門家たちが活用されます。**

しかし平安時代になっても、こうしたタタリは度々《たびたび》やってきます。有名なのは何といっても、現在は学問の神様になっている菅原道真でしょう。

道真は桓武天皇のひ孫に当たる宇多《うだ》天皇の時代、源能有《みなもとのよしあり》とともに大抜擢され、「寛平《かんぴょう》の治《ち》」（８９１〜９）と呼ばれる政治改革を行ないました。

その意図は藤原氏の絶大な権力を削《そ》ぐことにあったのですが、やがて藤原方の陰謀にはめられ、北九州に左遷。この地で亡くなります。結果、怨霊が都を襲い、藤原氏の有力者も次々と死ぬ……。

「心が清ければ、ちゃんと月が照らしてくれる」と歌っているほどの道真。そう恨んだとは思えませんが、彼が神様になったのは、この怨霊を封じたことが起源なのです。

■ 空海《くうかい》が日本にもたらしたもの

なぜに京の都は、それほど怨霊の類《たぐ》いに襲われたのか?

すでに述べた『逆説の日本史』は日本における「怨霊信仰」の重要性を説いていますが、当時は科学の発達した時代ではありません。地震や台風、あるいは干ばつなど、自然災害が起こるたびに、それが怨霊のせいにされました。

まして前項で見たように、藤原氏が権力を握る過程で、頻繁に陰謀によって競争相手が排除されてきたのです。祟りそうな相手には、こと欠きませんでした。

そもそも宮廷にいる天皇や貴族たちの仕事とは、祭式や儀礼によって、国の秩序を守ることです。基本的には、現場におもむいて問題を解決することではありません。

芥川龍之介の小説に『羅生門』がありますが、舞台は平安京の正門です。その様子は荒れ果てて、飢饉や疫病で亡くなった人の死体が山積みになっている……と描かれていますが、そのくらい都の衛生状態も悪かったのです。それは伝染病も発生するのですが、貴族たちはこうした根本問題を解決するより、祈祷《きとう》や祭事で伝染病の元となっているタタリを払いのけることに専念する……。これでは状況が改善するわけがありません。

それでも平安時代は、およそ４００年続きます。その理由は、後に武士となっていく地方の有力者たちが、それぞれ別個に領地を治めていったこと。それに加えて、宮廷も国家を平和にする「まじない」を本気でやっていたことでしょうか。

この時代、最強の「まじない」を学ぶため、中国へ派遣され、戻ってきたのが最澄《さいちょう》と空海。そう言うとお寺から怒られそうですが、最澄の天台宗も、空海の真言宗も、基本的には祈祷によって秘術を行なう宗派。だからこそ「密教」とされるわけです。

とくに空海は、時代的な要請や、いま日本に仏教を取り入れる意味を、天才的に理解していた人物です。ですから2か月で中国密教のトップから免許皆伝《かいでん》し、日本に戻ると最高の権威者だった最澄まで「弟子」にしてしまいます。曼荼羅《まんだら》のようなビジュアルを効果的に活用したのも、呪術《じゅじゅつ》的な説得性を高めるためだったのでしょう。

しかしながら、貴族たちにまでならともかく、災害や治安の悪化に苦しむ民衆になかなか仏教は到達しません。根本的な問題解決を怠《おこた》ってきた貴族たちに代わり、武士たちが頭角を表していくのはやはり当然のことでした。

11 ユートピアを目指した人々の理想
……平泉と平将門の夢の国

■平将門がつくりあげようとした国

平安時代に台頭してくる武士の先駆けであり、いまなお〝タタリ〟を起こす人物として恐れられているのが、平将門《たいらのまさかど》。彼の首が奉《たてまつ》られたとされる将門塚は「触ると災いが起こる」ということで、再開発の進む大手町にあってアンタッチャブルな状態に置かれています。

940年に鎮圧《ちんあつ》されるまでの数年、一時は関東地方で王を名乗った平将門。しかし菅原道真の話を思い出すと、彼が祟るようになったこと自体、平将門もまた社会の犠牲になった人間なのだということが想像できるでしょう。

華やかな貴族が治める宮廷に対し、地方の政治はほとんど放ったらかしの平安時代です。この時代は中央から派遣される受領《ずりょう》と、その管轄《かんかつ》下にある国司《こくし》や郡司《ぐんし》に任されていました。

もちろん立派な国司だっていたようです。『揺れ動く貴族社会』（川尻秋生著、小学館）という本では、美濃で灌漑《かんがい》事業を成し遂げた藤原高房《たかふさ》という人物を紹介しています。

しかし民衆から年貢《ねんぐ》を駆《か》り立て、その一部で私腹を肥やせる……ということで、すぐに受領や国司のポストには、中央から溢れた貴族が群がり、民を収奪《しゅうだつ》するようになる。一方で荘園を広げたい貴族も強引に土地を奪うようになる。両者とも実行部隊として武士を活用したわけですが、**都の華やかさとは裏腹に、平安時代の各地はまるでギャングが縄張り争いを続けるような混沌状態に陥っていたわけです。**

そんななかで国の支配を排除し、関東に独立政府を打ち立てようとしたのが平将門。そもそもこの人は桓武天皇の子孫とされ、もともとは貴族の出ですが、やがて千葉県の辺りに土着する豪族となっていきます。そして常陸《ひたち》にあった行政府を占領し、関東をほぼ制圧して「王」を名乗るほどの勢力になったわけです（939）。

時を同じくして、瀬戸内海では〝海賊〟だった藤原純友《すみとも》が反乱を起こしています。いずれも朝廷が送った武士集団によって制圧されるのですが、平和な時代と考えられがちな平安時代も、宮廷の外に出れば一触即発な状態。すでに武士の時代は始まっていたと考えるほうが正解でしょう。

■東北は「日本」ではなかった！

平将門が反乱を起こした関東地方以上に、不安定な状態にあったのは東北地方です。

というのも平安時代、天皇を王とする国家を日本とするなら、秋田、岩手以北は、まだその領域に含まれてはいなかったのです。この地は「エミシ」と呼ばれる民の地でした。

東北の「エミシ」についてハッキリしたことはわかっていませんが、北海道のアイヌ民族のように、縄文時代の狩猟文化を引き継いだ部族社会だったと想像されます。大和国家と交易し、その文化を一部受け入れていたようですが、開拓が進むとそうはいきません。ちょうど西部開拓時代のアメリカ先住民と同じく、たびたび民族との衝突が起こっていました。

そして平安京ができた頃、朝廷の支配に抵抗し、アテルイとモレを長とするエミシの大反乱が勃発《ぼっぱつ》します。朝廷は初代の征夷大将軍、坂上田村麻呂《さかのうえのたむらまろ》が率《ひき》いる大軍をもってこれに当たりますが、最後はだまし討ちのような形でこの2人の部族の首領を処刑しました。

その後、朝廷は東北での反乱をおさめるため、エミシの子孫ともいわれる安倍氏の一族に、この地を治めさせます。

しかし1051年から朝廷への税を拒否して、完全に離反。「前九年《ぜんくねん》の役《えき》」「後三年《ごさんねん》の役」と呼ばれる内戦状態が続きました。

この戦で朝廷から派遣された武士が、源頼義《よりよし》と義家《よしいえ》の親子という、源氏躍進のきっかけとなった2人。そして彼らに協力したのが、この地の豪族だった清原氏。のちに奥州藤原氏となり、平泉の世界遺産を残した一族です。

頼義、義家親子の活躍によって安倍氏を破り、奥州《おうしゅう》を制覇した源氏ですが、そもそも朝廷には「遠くのほうでやっていること」という認識しかなく、戦争自体にも無関心な始末。とくに「後三年の役」にいたっては、武士の世界では「八幡《はちまん》太郎」と呼ばれ、英雄視された源義家に恩賞すら出さなかったといいます。

そうした**無関心な東北の統治に成功し、地元の金山を開発することで、まさに関東では実現しなかったユートピアをつくりあげてしまったのが、藤原清衡《きよひら》に始まる奥州の藤原氏ということになるでしょう。**

彼らは朝廷に武力で対処するのでなく、この地の砂金や奥州の馬を献上することで、実質的な独立国の地位を手に入れました。

考えてみれば日本において、中央集権的な政府が全土を支配するという形は、ほとんど明治以後になってから。江戸時代まで、地方の「国」が中央の「朝廷」や「幕府」の傘下《さんか》に入ることで、自立して、その地を統治する歴史が続いたのです。京都の外に出ない貴族たちだけで安定した国家を維持するのは、最初から無理な話でした。

平将門も奥州藤原氏も、そうした国の矛盾《むじゅん》に挑戦した人々だったわけです。

12 こうして日本は「読書の国」になった

……なぜ平安時代に日本は文学大国になったのか？

■和歌も日記も、貴族が世に打って出る手段だった！

平安時代の荒れた東国《とうごく》から、再び京の宮中に話を移しましょう。平安時代の実情を知ると、「一体国を支配する貴族階級たちは何をやっていたのだ？」と憤《いきどお》りたくもなります。

しかし彼らは彼らで、やるべきことをちゃんとやっていたのです。

宮廷で宴《うたげ》をしたり、お祭りをしたり、和歌を詠《よ》んだり……ようは遊んでいたんじゃないか？　……と思ってしまいますが、これらの文化活動をすることで、彼らは国が平穏になると信じていたわけです。現に905年の『古今和歌集』序文には、「力をも入れずして天地を動かし、目に見えぬ鬼神《きしん》をもあはれと思はせ、男女のなかをもやはらげ、猛《たけ》き武士の心をも慰《なぐさ》むるは、歌なり」とあります。

つまり和歌を歌って平和な日常をすごすことで、あらゆる災害も、怨霊も、戦ですらも抑えられると考えられた。国を司る宮中の人々にとって、歌うことは天下を太平にするための立派な仕事でもあったわけです。

とくにこの時代から「仮名」が使われるようになり、文章を書くことはずっとハードルの低い作業になりました。

そこで、あなたが平安時代の一貴族だったと考えてみてください。最も成功する道は皇室に娘を出すことですが、その特権はすでに藤原氏が牛耳《ぎゅうじ》っています。**実務的な仕事はあまりないし、地方に行くことはリスクがある。時間だけはありあまっているなかで、自分をアピールするために何をするでしょう?**

その答えが、平安時代、日本は貴族たちによる文学大国になっていく所以《ゆえん》です。

よく『源氏物語』が世界最古の長編文学といわれますが、ギリシャ古典などを入れれば、その評価には異論も生まれます。しかし小説に、エッセイ(『枕草子《まくらのそうし》』など)に、旅行記(『土佐日記』など)に、民間の伝説集(『今昔《こんじゃく》物語』)に、仏教や儒教、神道の宗教書に、歴史書(『風土記』など)に、社会風刺《ふうし》(『大鏡』など)まで、一体どれだけの作家や詩人が、この時代に生まれたのか? 10世紀くらいまでの世界を考えれば、まさしく日本は世界でも例のない出版大国だったでしょう。

そのなかでもっとも手軽だったのは、「日記」ではないかと思います。天皇に男女の貴族、それに僧侶など、数多くの人物による日記がこの時代に残っていますが、これらはすべて〝公開〟のもので、じつは現在のブログのような自己発信の手段でもあったようです。**毎日の記録を読み合うことで、人脈を築いたり、権力者による人選も行なわれていた……**。まさに藤原道長に文章力を買われたのが、紫式部《むらさきしきぶ》でした。

「源氏物語」がなぜ評価されるのか？

1940年にニューヨークの本屋で買った『源氏物語』に魅せられ、日本語を話せる通訳兵から、やがて日本文学の世界的な権威となったのがドナルド・キーンさんです。彼の心を打ったのは、「この世に生きることの悲しさ」という物語の主題でした。

いまから1000年以上も昔のことでありながら、普遍的な人の世の哀しみをとらえられる感性。しかも決して身分が高いとは言えない一女性が文章力を磨き、考え方によっては当時の権威に挑戦するものでありながら、執筆と刊行を認められた……。

『源氏物語』は、世界史にあって「奇跡の本」と呼ばれるようなものかもしれませんが、その作者、紫式部は謎の多い女性で、著者であることを疑う説もあるくらい。詳細はあまりわかっていません。

彼女は藤原道長を生んだ藤原北家の一門でありながら、父の身分はかなり下の貴族。越前に赴任《ふにん》していたようです。身分が下位だったせいか、紫式部の結婚も当時としては遅かったのですが（26歳）、わずか3年で相手は病死してしまいます。

このように30歳くらいまで不幸な人生を歩んできた彼女が認められたのは、藤原道長の娘で、一条天皇の妃であった彰子《しょうし》中宮《ちゅうぐう》に仕えるようになったから。その才能を見出したのは、他ならぬ道長であったともいわれます。

しかし藤原一門にありながら、なぜ主役は政敵だった「源氏」なのか？

さまざまな謎はあるのですが、当時の宮廷内では権力を握るための手段でもあった、一種の恋愛ゲーム。それを制し、勝利者になったかに見えた主人公の光源氏《ひかるげんじ》も、最終的には正妻が浮気してつくった子を後継者に据《す》えるしかなくなる。本当に愛していたはずの〝紫の上〟に死なれることで、主人公は物語から姿を消す……。

彼女はまさしく、華やかな時代に潜《ひそ》んでいた「哀しみ」を、見事にえぐりだしてもいたわけです。文学作品として評価されるのも当然でしょう。

第3章

世界に誇るべき「日本的リーダー」の登場

仕事にも生かしたい、
武将たちの仕事術

知ってておきたいこと

もっとも仕事ができる人が勝利する時代

1185年に源頼朝《よりとも》が鎌倉幕府を開いたことによって、日本は武士の時代に入ります。1192年に頼朝は征夷大将軍《せいいたいしょうぐん》となり、実質的なリーダーとなったわけです。

武士の時代とは「封建制《ほうけん》」であり、中央にいる特権階級が国を支配するのに代わり、あくまで実際にその地を統治できる能力を持った人間がリーダーとなり、将軍と臣下の関係になることによって国家全体を管理するシステムです。

これはヨーロッパにおける中世と同じで、欧米の「契約関係」を日本式にいえば「御恩と奉公」になりますが、国家秩序に組み込まれることで地方のリーダーは、支配に対して正当性を持つことができるわけです。

けれども単に力で民衆を脅すだけでは反乱が起こったり、逃げ出す者が出てきたりするばかりだったでしょう。そこで力を持った者には、それに値するだけの人間的な資質や威厳が求められるようになっていきます。それがヨーロッパでは「騎士道」となり、日本では「武士道」となっていったわけです。

後の時代、『武士道』を著《あらわ》した新渡戸稲造は、それを「『騎士階級の規律』と同等のものであり、『武士階級におけるノブレス・オブリージュ（高貴な者に伴う義務）』と呼べるもの」と定義しました。よく「狩猟文化と農耕文化」などと区別される西洋と日本ですが、「実力を持って台頭したエリート層が、その実力に相応《ふさわ》しい社会的な責任を負う」という歴史を歩んできたことでは共通しています。

欧米のエリート層が剣をネクタイに変え、古くからのノブレス・オブリージュを根底におきながら現在もビジネスを引っ張っているとすれば、同じような誇りを築いてきた日本人がそこに加われない理由はないでしょう。

しかし日本の歴史に戻れば、「リーダーに資質や威厳が求められる」ということは、武士にとって「その資格がないリーダーは排除できる」という理屈を与えることにもなります。

よって武士の時代の到来は、従来の権威主義から、できる人間が頭角を表す実力主義の時代へ変わっていくことを予期していました。それが下克上《げこくじょう》を生み、戦国時代を生み、究極的には織田信長のような「実力で全国を支配すること」を掲げ《かか》るカリスマを生む下地をつくったわけです。信長の大きな野望を、農民出身の豊臣秀吉が継いだことは、武士の時代の行き着く先を象徴していたといえるでしょう。

13 平清盛も、源義経も、源頼朝には敵わない！

……待望された鎌倉時代の到来

■ なぜ源氏は勝者になれたのか？

1159年、朝廷では後白河法皇《ごしらかわほうおう》を担《かつ》ぐグループと、二条天皇を担ぐグループの対立が起こります。このときどちら側の勢力にもつかず、最終的には法皇も天皇も味方につけ、対抗勢力を一掃《いっそう》してしまったのが、「北面《ほくめん》の武士」として都の警護に当たっていた平清盛（平《へい》治《じ》の乱）。のちに「平家にあらずんば人にあらず」といわれた黄金期を演出します。

逆に「逆賊《ぎゃくぞく》」として捕らえられたのが、源氏の頭領《とうりょう》だった源義朝《よしとも》。わずか14歳ということで命は助けられて、伊豆に流されたのが息子の源頼朝です。言うまでもなく源平の合戦《かっせん》の勝利者ですが、そのとき平清盛はすでに病気で亡き人になっていました。

武士の時代をつくりあげ、日本史のなかでは英雄視される源頼朝。一方で栄枯盛衰《えいこせいすい》の見本の象徴のように〝悪者〟扱いされる平清盛。この2人の違いは一体どこにあったのでしょ

う？

じつはこの印象は、後の『平家物語』がつくったもの。確かに中国との貿易を掌握し、後白河法皇と親戚関係をつくることで、相当な権威と富も手にしたのでしょうが、それでも鎌倉時代につながるような武士の制度もきちんとつくっていたそうです。

そもそも源氏も平氏も、起源をたどれば皇族に連なる「貴族」でもありました。都を離れ、地方に土着することで「武士」となったのですが、貴族たちと一線を画し、最後は命を賭けることを厭《いと》わなかった英雄です。しかも先の「平治の乱」の手腕などを見れば、平清盛は相当強い武士だったことが想像できるでしょう。

一方で源頼朝といえば、じつは源平の合戦において、彼が軍を指揮したことはほとんどありません。唯一、挙兵した際の「石橋山の戦い」でも敗走しているくらいで、じつは〝弱かった〟という話もあるほどです。

実際、京の都から平氏を追い出したのは同じ武士の木曽義仲《きそよしなか》ですし、この義仲を破り、平氏に連戦連勝してこれを壊滅《かいめつ》させるのは、戦闘の天才だった腹違いの弟、源義経でした。

それでも源頼朝が勝利者になったのは、朝廷とはまったく別の、武士にとっての政府である「幕府」をつくったから。このアイデアがじつに画期的だったわけです。

■「幕府」という画期的なアイデア

幕府制度がなぜ画期的だったかといえば、たとえばあなたがこの時代の武士だったと考えてみてください。前章で述べたように、国の治安維持や安全対策までを貴族に任せるのには無理がありました。

では自分が武士の立場で、この国をよくしてやろうとする。一体どこでそれができるでしょう?

首相になりたい人が国会議事堂を目指すように、当然、国の中央である朝廷に向かうのが当たり前なのです。天皇を倒すような不敬を働かずとも、実権を握っていた藤原氏のような貴族に取って代わることで、国を動かす地位を手にできます。

実際、これをやったのが平清盛。別に彼は失敗者でなく、至極当然のことをしたのです。

しかし源頼朝は、それをしませんでした。どうしてかといえば、おそらくは「憎まれるから」だと思います。

つまり貴族にとっては、野蛮な武士が自分と同列に扱われるから面白くない。同時にライバルの武士たちからだって、妬《ねた》まれるようになる。『平家物語』が日本中に受け入れられたのも、やはり当時の平氏に嫉妬する人が多くいたからでしょう。

清盛だけでなく、京都を占領した木曽義仲も、そして他ならぬ頼朝の弟の義経も、じつは同じ轍《てつ》を踏みそうになっていたわけです。もっとも義経の場合は、後白河法皇が利用しようとしたところもありますが、だからこそ後に頼朝から敵視されることになりました。

頼朝が政治の天才なら、義経は戦争の天才です。騎兵で崖《がけ》を下ってきたり、山や民家を焼いて大軍に見せたり、弓の天才にパフォーマンスをさせたり、いつのまにか海賊を仲間にしていたり……と、彼の戦略は平氏から見ればイリュージョンだったのです。ただ、そんな天才でも頼朝の考えていたビジョンは理解できませんでした。結局彼は逃げた先の奥州藤原氏に裏切られて死去します（その藤原氏は頼朝に滅ぼされます）。

たとえるなら、自分の働く会社が業界シェアを広げようとするときです。一番大きな会社の社長になってライバル会社をことごとく排除するのが凡人《ぼんじん》の策。ベンチャーとして独立した後、全国の中小企業と提携を結び、大きな会社ですら従わざるを得なくするというのが、「幕府」の発想といえるのではないでしょうか。

もっとも頼朝が勝者だったかといえば、それも疑問です。結局、源氏の将軍は彼の孫の代で潰《つい》えてしまう……。本当の勝者は、彼を動かしていた北条《ほうじょう》氏でした。

14 日本人が求めるヒーロー像の出現

……鉢の木の物語と、不屈の日蓮上人

武士の役割とは何か？

鎌倉時代の到来は、「貴族の時代」を「武士の時代」に変えるという、大変革でした。

しかし新しい支配者層である武士ですら、この変革の意味を正しく認識していたかは疑問です。なんせ武士というのは、本質的には支配者層だった貴族に雇われ、領主に逆らうような民を力で抑えるのが仕事だったのです。源氏がリーダーになったのも、もとが貴族だからこそ可能だった面はあるでしょう。

他ならぬ将軍となった源氏ですら、「武士のリーダーであること」の意味を認識していなかったかもしれません。３代目の将軍となった頼朝の子である源実朝は、歌人としても知られているように、「武」よりは「文」を志向した人物でした。権力を再び朝廷側に戻そうと画策していた後鳥羽上皇に近づきすぎたため、北条氏に暗殺されることになったのでは

ないかといわれています。鶴岡八幡宮の大銀杏《おおいちょう》の前でのことですね（1219）。

北条氏というのは系統もよくわかっていませんから、純粋に力によって伊豆を治めるようになった武士なのでしょう。もともと伊豆に流された源頼朝の監視役だったのが北条時《とき》政《まさ》ですが、娘の北条政子《まさこ》が彼を夫に選んだことで、源氏とは一蓮托生《いちれんたくしょう》となります。その点で、武士の時代を切り開いた一番の功績は、この女性なのかもしれません。

ただ、その源氏が途絶えてしまえば、状況が変わってきます。幕府側は名門藤原氏の子どもを将軍に迎え、北条氏の頭領だった義時《よしとき》が「執権《しっけん》」という地位で事実上のトップに立ちます。しかし朝廷側の後鳥羽上皇《ごとばじょうこう》は、そんな脆弱《ぜいじゃく》な幕府など潰《つぶ》してしまおうと兵を挙げた。1221年の「承久の乱《じょうきゅうのらん》」という事件です。

結局は義時《よしとき》が朝廷側を破り、上皇を隠岐《おき》に配流。京都には「六波羅探題《ろくはらたんだい》」という朝廷監視のための機関を置くことになります。

これによって幕府はもう「源氏」というブランドを失い、朝廷や天皇とも一線を画す存在となったわけです。そこに連なる武士たちも、もはや槍《やり》や弓で相手をねじふせる連中のままではいられません。**「リーダーとして民衆を守る存在」という武士像が、これ以降の日本には、徐々に生まれ始めるのです。**

■北条時頼と日蓮～民衆のために何ができるか？

「武士」とは、どのようにあるべきか？　まずその見本は、他ならぬ執権であった北条氏から提示されます。それが3代目の執権・北条泰時《やすとき》が発布した「御成敗式目《ごせいばいしきもく》」（1232）で、初めてつくられた武士の法になります。ここでは民衆を圧迫するような統治を、「仁政《じんせい》に背《そむ》く」と否定しました。

さらに泰時の孫の6代目執権・北条時頼《ときより》は、「撫民令《ぶみん》」という武士の法を発布します。まさに「民に撫《な》でるように接し、優しくしなさい」という暴力を禁止する法だったわけです。

この北条時頼の登場する物語として有名なのが、『鉢《はち》の木』というお話。伝説として流布されたようですが、あるとき貧しい武士の夫婦の家に旅の僧が訪れる。武士はこの僧に暖《だん》をとってもらうために、秘蔵の鉢の木を燃やしてしまう。しかしどんなに貧しくても、「いざ鎌倉！」という際には、真っ先に駆けつけることを僧に話す……。

じつはこの僧の正体が北条時頼で、この貧しい武士は、後に広い領地を与えられることになった……という物語ですね。

町の界隈で、琵琶《びわ》法師が『平家物語』を語り始めるのも、この頃。どんなに身をやつしても、国のため、民のために命を賭ける……という武士のヒーロー像が、徐々に構築されていった。時頼は執権であっても破れた障子《しょうじ》を繕《つくろ》って使い続けたといいますが、自らも質素に生き、民のために尽くすリーダーを印象づけようとしたわけです。

しかしそんな理想の武士像は、果たしてどれくらい当の武士たちに浸透したのか？

同時代、武士のトップにあった北条時頼に対して、「もっとちゃんと政治をしろ！」と、堂々と訴えたもう1人のヒーローがいます。彼は武士でなく、1人の僧侶。日蓮《にちれん》ですね。時頼に対して提出されたのが『立正安国論』と名づけられた文書です。

日蓮によって仏教もまた、支配者だけのものから民衆のものにもなっていきますが、それは「南無妙法蓮華経《なむみょうほうれんげきょう》と唱《とな》えれば救われる」という救済論。武士が台頭《たいとう》するなかにあっても、災害、飢饉、伝染病……と、やはり民が苦労してきたことには変わらなかったわけです。訴えの結果、迫害され、断罪され、流浪《るろう》の身になり……と、苦闘の人生を送った日蓮でしたが、今日まで続く民間仏教の土台をつくりあげました。

いままで見えていなかった民衆の姿が、それを統治する武士がクローズアップされる時代になって、やっと日本史にも現われてきたわけです。時頼と日蓮という2人のリーダーは、立場は違えど、すでに現代の私たちが志向する姿と重なるのではないでしょうか。

15 なぜ私たちの国には神風が吹いたのか？

……世界最強の民族を追い返せた理由

なぜ世界最強の軍勢が日本を狙ったのか？

「この偉大なハンは、臣下の数においても、領土の広さにおいても、持てる富においても、世界最大の人物だった」

これは冒険家のマルコ・ポーロが、皇帝フビライ・ハンについて述べた言葉です。

モンゴルの遊牧民から出発し、人類史上で最大の大国をつくりあげたチンギス・ハン。その国は息子や孫たちに分割して引き継がれ、東欧やロシアから、イランや中央アジア、そして中国にまで支配領域は広がっていきます。

チンギス・ハンの孫として、フビライが中国に立てた王朝。これが「元」ですが、その脅威はやがて日本に押し寄せてくる。これが2回に渡った「元寇《げんこう》」ですが、結果的に鎌倉の武士たちは、モンゴルの進撃を阻止します。

なぜ世界最強の軍勢を、日本は打ち破れたのか？

神風が吹いてモンゴルの船を蹴散らしたからだ……などとよくいわれますが、これは正しくありません。とくに最初の元による侵攻、「文永《ぶんえい》の役」（1274）に関して言えば、当時の気象からも台風などはなかったことが証明されています。

では、どうして日本が勝ったかといえば、単純に侵攻してきたモンゴル軍の力に対し、鎌倉の武士たちの力が上まわったからです。とはいえ、だから武士たちはスゴい！……という話でもないようです。

そもそも鎌倉幕府も、朝廷も、モンゴル軍の力をナメきっていました。元は朝鮮半島にあった高麗《こま》を従属させた後、日本に対しても従属するように、さんざん使節を送ってきます。けれども時の執権、北条時宗は、これを無視し続けました。

ただ考えなければいけないのは、**なぜ元が日本を狙ったのかということ**。服部英雄さんの『蒙古襲来《もうこしゅうらい》』（山川出版社）によると、一番大きな理由は、日本で産出する「硫黄《いおう》」を押さえたかったということ。これは元の最新兵器だった火薬の材料で、彼らは大量にそれを仕入れて、中国南部にまだ残っていた旧王朝「南宋」を制覇したかったわけです。

∷ 神風が吹かなくても、武士たちは勝った！

日本が元をナメていたように、元もやはり日本をナメていたようです。

そもそも「10万の兵が海を越えて押し寄せた」などと誇張《こちょう》される元寇ですが、先の『蒙古襲来』では、その数を1万5000人くらいに見積もっています。うちモンゴルの正規兵は4000人くらいで、あとは朝鮮半島で集めた兵と水夫です。

いくら世界最強の兵とはいえ、モンゴル軍の得意技は馬に乗って戦う戦法です。しかも現代でさえ、上陸戦に成功するには相手の3倍以上の兵力が必要とされているのです。しばらく平和だった鎌倉時代とはいえ、武力でのしあがってきた武士たちの守りを突破して、簡単に海からの上陸ができるわけもありません。

相手は火薬兵器も持ったモンゴル軍、一方で武士は戦い慣れていない……と思いきや、諜報戦や不意をついた夜襲など、彼らがかなり戦略的に戦ったこともわかっています。

そもそも侵略目的でなく、脅しをかけるのが目的だった元寇。幕府の福岡にあった拠点「太宰府《だざいふ》」を攻略できないと判断した時点で、彼らは撤退を決めたようです。

その7年後、再び元は日本へ軍を差し向けました。これが「弘安《こうあん》の役」（1281）。

押し寄せた兵の数には議論がありますが、このとき中国の南宋はすでに征服されており、モンゴル軍には支配下においた「南宋軍」も加わっていました。海を越えた日本のことは中国兵や高麗の兵に任せ、元の騎馬隊はむしろ東南アジアのほうに向いていたのかもしれません。

このとき「神風」が吹いて、侵略者たちを薙《な》ぎ払った……。

これが日本の神国思想にもつながっていくのですが、確かに時期は7月、台風は元軍に大きな被害を与えたようです。

しかし台風の被害を受けたのは日本も同じで、2回目の元寇を阻止できたのには、7年をかけて九州の武士たちが築いた防塁《ぼうるい》などの防護施設が功を奏したようです。襲撃に対して何をするべきか？　彼らは7年前の教訓から、しっかり学んでいました。

むしろビジョンがなかったのは幕府のほうで、そもそも元、南宋、高麗という対立のなかで始まった元寇なのです。想像力を持てば、いくらでも外交交渉や、危機管理策はとれました。

結局、元との戦いで最も功績のあった武士たちに十分な恩賞すら与えなかったわけです。これも想像力の欠如によるものですが、以後鎌倉幕府は急速に衰退に向かっていきます。

16 カリスマになりたかった天皇とカリスマに押し上げられた将軍

……足利尊氏と後醍醐天皇

■いい人だから勝った？ ……足利尊氏の秘密

1333年の鎌倉幕府の滅亡、そして南北朝時代から、室町時代へいたる激動の時代。この時代の記録は『太平記』に綴られ、後世にまで語られることになりました。

新しい時代は、魅力的なカリスマたちによって動かされました。

取り憑《つ》かれたように、天皇が頂点に立つ新しい国家をつくることに執着した後醍醐《ごだいご》天皇。父・後醍醐の願いを実現するため、皇族にもかかわらず武士として挙兵した護良《もりなが》親王。東国武士のリーダーとして、乱世に幕を引くべく立ち上がった足利尊氏《あしかがたかうじ》。その弟で、兄の参謀《さんぼう》として新しい武士政権を誕生させようとした足利直義《なおよし》。時代の主役となるチャンスと逸早く挙兵し、鎌倉幕府を陥落させてしまった新田義貞《にったよしさだ》。ほぼ無名の武士ながら、天皇に対する忠誠心から立ち上がった楠木正成《くすのきまさしげ》……。

このなかで最終的には、足利尊氏が室町幕府を立ち上げ、南北朝時代から戦国時代にまで続く「室町時代」の礎《いしずえ》を築きました。その要因は何だったかといえば、これが意外に〝人望〟ということになるのかもしれません。

意外というのは、尊氏は「天皇に逆らった」ということで、後の歴史では大悪人のように語られます。実際は別人のようですが、馬に乗った髭面《ひげづら》のいかにも悪者そうな肖像が定着したせいもあるのでしょうか。

さらに尊氏を「躁鬱《そううつ》病だった」とする説もあります。優柔不断にいつまでも行動を起こさなかったり、京都を占領して政権を掌握したとたんに引きこもって弟に実権を委《ゆだ》ねてしまったりと、行動に首尾一貫しないところが見られるからです。

ただ、『戦争の日本中世史』(新潮選書)で、呉座《ござ》勇一さんは「尊氏にはもともと後醍醐天皇と争うつもりなどなかった」と指摘しています。また井沢元彦さんは『逆説の日本史』で、彼を「『いい人』であり『やさしい人』であり、『気前のいい人』」と評しています。

もともと足利家は、源氏の血を引くエリート武士。しかも戦闘においても、最も強かったのが尊氏です。**なのに頂点に立とうとする野望がない……そんな人物だからこそ、権力を欲しがる者たちの争いのなかで、最後は勝者になりました。**

■太平記の合戦……南北朝の始まり

そもそも鎌倉倒幕《とうばく》は、後醍醐天皇が9年もかけて達成しようとしてきた悲願でした。計画は2度破綻《はたん》し、あげく天皇自身が隠岐《おき》に島流しにもなります。

しかし後醍醐天皇に味方する武士が相次いだのは、やはり鎌倉幕府に対する反感が高まっていたからでしょう。すでに見たように元寇では武士たちの必死の奮闘にもかかわらず、恩賞はほとんどありませんでした。また後に「悪党」と呼ばれる、経済力によって土地を収奪し、武士や荘園領主に成り代わるような存在も現れていました。彼らにとってみれば、自分たちにトクになるなら、幕府だろうが朝廷だろうがどちらでもよかったわけです。

結果、述べてきた武将たちの力で幕府は倒され、後醍醐天皇は京都に戻り、「建武の新政」と呼ばれる新体制をつくりあげます。

これが「トクになるなら」と協力した武士たちを愕然《がくぜん》とさせるものだったのです。「貴族の世に戻る」どころか、「すべてのことを天皇である自分が決める」という前代未聞《みもん》の独裁制。武士の土地も貴族の土地もすべて没収し、新しく天皇が土地を配分するというもの。

さすがに、ありとあらゆる訴訟《そしょう》を後醍醐天皇1人でさばけるわけがないし、全国の土地を誰にどう分配するかなども決められません。だんだんと理想は崩れていきますが、それにしても天皇のために戦った武士たちへの待遇は冷たすぎました。

そもそも後醍醐天皇からしてみれば、武士たちは人を殺《あや》める下層の存在だったのでしょう。実際、奈良・平安時代はそのように国が成り立っていたのです。

後醍醐のやり方には武士たちの不満が高まります。この隙《すき》を突いたのが、鎌倉北条氏の生き残りの北条時行《ときゆき》。鎌倉を占領しますが、京から出陣した尊氏によってすぐ平定されます。

しかし尊氏はそのまま鎌倉に居座り、後醍醐天皇の帰京命令に従わない。

天皇は護良親王を征夷大将軍にし、新田義貞らの軍を尊氏に対して差し向けますが、尊氏には天皇と戦う意志もなかったようです。弟の直義に任せておきますが、戦況は芳《かんば》しくない……。すると尊氏の出陣を皆が期待するようになります。

仕方なく彼は出兵し、天皇軍を押し返す。最後は楠木正成を破って京都を占領しました。

この際に上皇を担ぎだして新天皇を即位させます。

一方で後醍醐天皇は奈良の吉野へ逃げ、そこで天皇を続ける。これが「南北朝時代」ですが、そんな時代になったのも尊氏が「いい人」で、奈良と京都という近さでありながら、その討伐《とうばつ》を躊躇《ちゅうちょ》したことが理由かもしれません。

17 「日本国王」がつくりあげた室町時代

……日本は古くから「世界を相手にしたビジネス」で成功していた

∷南北朝の統一と足利義満の登場

「いい人」で人望のあった足利尊氏ですが、そのぶん安定した組織をつくれなかった欠点はあります。なんせ北朝を打ち立て、征夷大将軍となったあと、すぐに政務は弟の直義に、軍務は部下の高師直《こうのもろなお》にと、実権を譲り渡してしまうわけです。自分は出家するつもりだったようですが、つくづく争いごとが嫌いな人だったのでしょう。

ところが直義と師直の間で、内戦が勃発。南朝を加えて、全国が3つに分かれる混乱状態になります（1350〜52・観応《かんのう》の擾乱《じょうらん》）。

尊氏は直義を説得にかかり、一度は2代目将軍となる尊氏の子・義詮《よしあきら》に地位を譲ることで和解はします。しかし師直が暗殺され、直義に味方する守護が出てくることで事態は悪化。結局は尊氏も実の弟を討伐せざるを得なくなるわけです。

この内乱の結果、存続が保証されたのは南朝でした。すでに後醍醐天皇も、従った新田義貞も亡くなっていますが、尊氏は混乱を避けるため、南朝と和解。結局、南北の天皇を合一させたのは、尊氏の孫で3代目将軍となる足利義満《よしみつ》の力によってでした。

南北朝の合一《ごういつ》は、1392年のこと。これより室町時代が正式に始まり、将軍15代、およそ200年にわたって幕府は存続するわけです。

南朝が北朝との合一を認めたのは、すでに有力な武士たちの後ろ盾《だて》を失っていたこともあります。ただ義満の条件は「後醍醐天皇が持っていった三種の神器を返せば、北朝と南朝の天皇を交互に立てるようにする」というもので、南朝にとって悪いものではない。南朝方の後亀山天皇も引退後、上皇の地位を保証されました。

ただ結局は交互天皇制の約束は反古《ほご》にされ、それどころか義満は北朝の天皇ですらなく、「自分の息子を次期の天皇にしようとした」ともいわれているのです。それが事実とすれば、日本史上のタブーを犯そうとした最悪の将軍ということになるかもしれません。

義満の皇位簒奪《さんだつ》計画については、否定する歴史家も多くいます。ただ事実上の歴史を見れば、天皇の称号がなくても、それ以上の大きな権力を彼は手にしました。なんせ義満は「日本国王」という称号をも勝ち取っているのです。

彼の権力の象徴こそ、京都を代表する世界遺産の「金閣寺（鹿苑寺《ろくおんじ》）」です。彼は出家後、「北山殿《きたやまどの》」を名乗り、ここを拠点として絶対的な権力を振るいました。

■武力よりも経済力！

天皇を超える権力を手中にした足利義満ですが、じつはその権力で全国を牛耳っていたかといえば疑問が残ります。

すでに南北朝時代から、全国ではその地を治める守護たちが台頭し始め、それぞれが北についたり南についたりして、衝突を繰り返すような時代になっています。

1399年に山口県（周防）を治めていた大内義弘を中心とした「応永《おうえい》の乱」が起き、これを鎮圧《ちんあつ》したあと全国の守護たちは、幕府と東国の鎌倉府のもとに再編成されました。

しかしこの大内氏も完全に排除はされず、地元の大名として以後も存在し続けます。また義満は自身の権威を示すため全国の支配地をめぐる遠征を企画しますが、実際に行けたのはほとんど関西と中国・四国に限られたようです。

将軍として義満は完全に貴族社会に溶け込み、皇族から側室を迎えたりして、京の都では絶対的な支配力を持ちました。ただ東国にしても九州にしても、武士は武士たちで、「幕府には忠誠は誓いながらも勝手にやっている」という状況。この点で室町幕府のありさまは鎌倉以前の平安時代に近く、後の織田信長以降が目指したような中央集権体制とはほど遠いものでした。

それでも室町幕府に全国が従ったのは、義満が獲得した強力な経済力にあります。

すでに鎌倉時代から、日本には中国の「宋」の貨幣が流通し、金銭で売買をする経済が始まっていました。「宋」がモンゴル民族による「元」に滅ぼされ、その「元」を再び中華民族である「明」が制覇すると、当然日本には「明」の貨幣が流通するようになります。

中国との交易はそれまで九州や中国の有力者たちが勝手にやっていたのですが、義満は日本の代表者として「明」の皇帝に使節を送り、公式に独占的な交易権を手にしたわけです。早い話、「日本国王」の称号は中国王朝にひれ伏すことで手にした権威であり、日本国内に対しては絶対的な権威ではなかったわけです。

しかし幕府が交易権を独占しているとすれば、各地の勢力にとって、逆らうことにメリットはありません。だから各地の守護たちも室町幕府に従属しました。

「お金」が力になるのも、世が安定してこそ。義満のような絶対権威がいなくなると、脆弱だった室町幕府に対し、各地では戦国時代が台頭していくことになります。

18 混乱期にこそチャンスはある
……実力で成功を勝ち取れる時代の到来

なぜ室町幕府は崩壊したのか？

室町時代と戦国時代の大きな違いは、実力者たちが中央を目指すか、それとも各地に散っているかにあります。

足利義満の時代、まだ中央には国家経済の中心がありますから、地方を支配する守護は京都に群がりました。地元には「守護代」という管理者を置くわけです。

ただ京都の中心部に魅力があったのも、足利将軍の幕府に力があってこそ……。

そもそも義満以後の将軍といわれても、パッと名前が出る人は少ないと思います。ようするに義満をピークに、将軍権威はどんどん落ち続けていくわけです。

唯一、例外は将軍独裁制を敷こうとした6代将軍・足利義教《よしのり》ですが、結果的には守護《しゅご》の1人だった赤松《あかまつ》氏に暗殺されてしまいます。

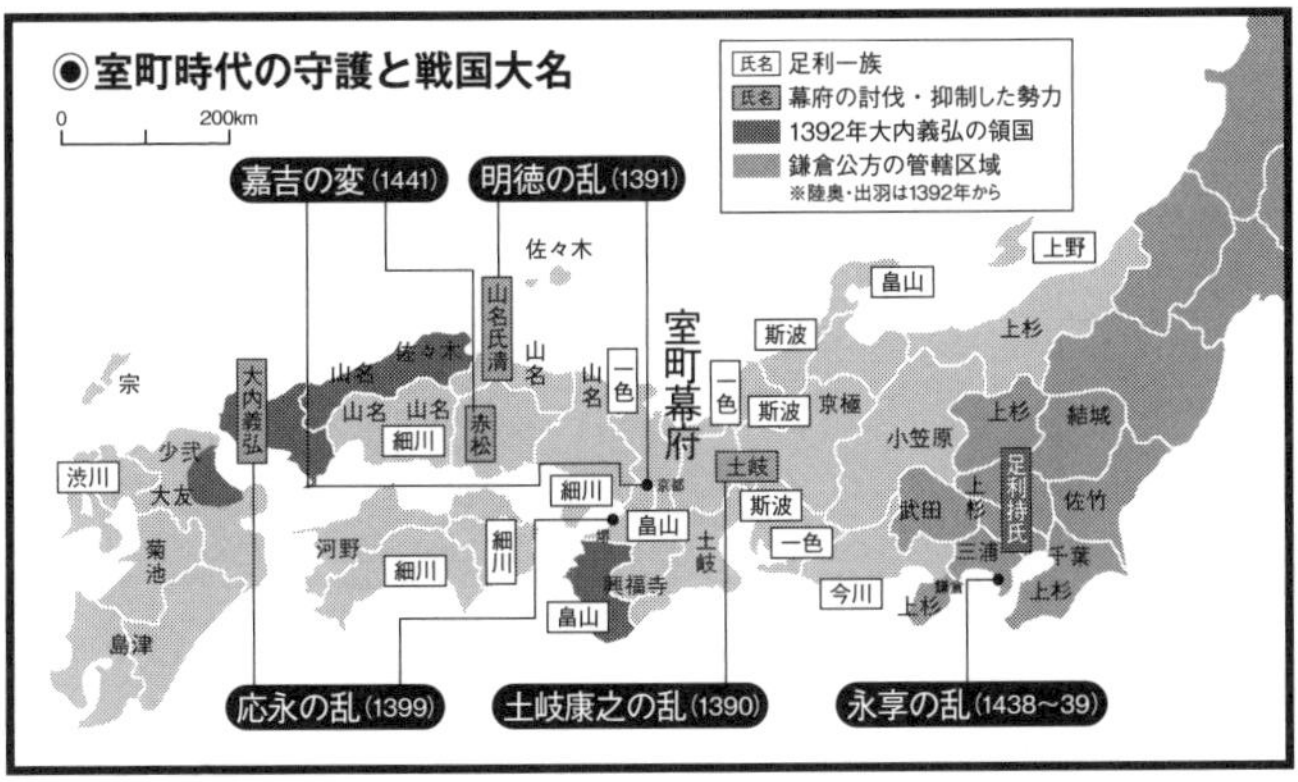

◉室町時代の守護と戦国大名

（参考：『詳説　日本史』山川出版社）

つまりは将軍であっても、もはや国を動かせる存在ではない。では誰がこの国を治めるのだということで、京都に全国の武士の代表が集まっている状態であれば、そのなかで争いが起こるのも当然だと思います。これが１４６７年に始まる「応仁《おうにん》の乱」でした。

応仁の乱は、８代将軍・義政の妻、日野富子《ひのとみこ》が、息子を後継者にするために企んだ陰謀に始まるといわれてきました。しかし反乱を起こした山《やま》名《な》宗全《そうぜん》と富子が結託していた様子はなく、単に将軍・義政と、実質的な権力を握っていた細川勝元《かつもと》を打倒しようとしたクーデターであったようです（呉座勇一著『戦争の日本中世史』）。

いずれにしろ京都にいた守護たちは、それぞれ山名軍と細川軍に分かれ、10年に渡って京都を焼け野原にしながら争うことになります。

この非常時に将軍はどうしたかといえば、8歳の子に将軍職を譲って、別荘で隠遁《いんとん》生活を始めてしまう。この別荘が京都の銀閣寺で、将軍としては無責任にも程があります。

賢い者はもはや幕府を見限ります。武田氏、今川氏のように支配地に引き上げてそこで独立政府を立ち上げる者もいれば、朝倉氏や織田氏のように、この隙に守護の領地を奪ってしまう守護代《しゅごだい》も出てきます。

こうして戦国時代が始まっていくわけですが、そもそもの発端は、やはり室町時代の将軍たちに大きなビジョンがなかったことが崩壊を招いたのでしょう。尊氏以後、一貫してこの時代の将軍たちには「武士のリーダーである」という自覚が足りなかったようです。

ついに現れた最下層からの成功者たち

トップがそんな体《てい》たらくであれば、下のほうから「何とか現状を変えよう」という行動も起こってきます。

応仁の乱の後の1485年、京都の南部では「山城国一揆《やましろのくにいっき》」という地元領主や農民たちの反乱が起こります。彼らは内部紛争を続けていた守護の畠山《はたけやま》氏を追い出し、8年にわたる自治を勝ち取ってしまいました。

さらに親鸞《しんらん》が確立し、蓮如《れんにょ》が民衆に普及させた「浄土真宗《じょうどしんしゅう》（一向宗《いっこうしゅう》）」は、翻弄されるままに生きてきた民衆に「自分たちだって救われる」というパワーを生み出しました。とくに蓮如が普及を進めた加賀では、蓮如の制止を振り切って、一向一揆が勃発（1488）。その後彼らは、戦国大名に対抗できるような〝理想国家〟をこの地につくってしまいます。

こうしたことの背景には、鎌倉時代末から南北朝以後、文書を書く習慣が民間にも伝わり、また『太平記』をはじめとした文学も、徐々にエリート層を超えた人々に普及し始めたことがあったようです。能などの芸能も、広く民衆が親しめるものになりました。

また鎌倉後期から「悪党」と呼ばれた、朝廷や幕府の公認でない、身分制を超えた非エリートの成功者が登場してきたことは述べましたが、そうした「生まれは卑《いや》しくても、仕事ができる人」を権力者が活用したことは大きな変化でした。

とくにこれを活用したのは、身分制の頂点にいたはずの後醍醐天皇で、彼の下《もと》では武士の楠木正成や名和長年《なわながとし》、忍者ともいわれる伊賀兼光《いがかねみつ》、密教の僧侶だった文観《もんかん》など、出自のよくわからない人物が重用されます。

武士だけでなく、文化的な成功者も現れています。その筆頭にあげられるのは、能楽《のうがく》を大成することになった観阿弥《かんあみ》と世阿弥《ぜあみ》の親子でしょう。

もともと将軍・足利義満が観阿弥の能を見学したとき、美少年の俳優として惚れ込んだのが世阿弥だったといいますが、彼らは身分的には最下層ともいえる芸人の身分です。しかし世阿弥は義満のもとで教育の機会を与えられ、日本最古の演劇論となる『風姿花伝《ふうしかでん》』を世に残します。

その『風姿花伝』には、「成功の秘訣は多くの人々を幸福にすることだ」とあり、まさに彼は15世紀にして、現代のビジネスにも通ずる理念をすでにつくりあげていたのです。彼らの奮闘は、「どんな時代でも、努力によって成功することは可能だ」ということを教えてくれます。

19 戦国時代から私たちが学ぶべきものとは？

……情報術、企画術、交渉術、仕事の基本がここにある

混乱期こそ、自分の得意技は大きく生きる！

日本史上でもビジネスパーソンに最も人気のある時代が、戦国時代かもしれません。それもそのはずで、それまでの日本はほぼ階級社会で、貴族や高貴な武士など、身分のある人間でなければ、成功をつかむのが難しい時代でした。

いや江戸時代になっても、明治から現代までも、政治世界はもちろん、経済にしても大企業が牛耳っていることがほとんどで、立場の差を超えての大逆転を実現するのは難しいのです。しかし戦国時代、力でのしあがる人間が続出したのは事実ですから、仕事での成功を目指す私たちには非常に魅力に感じます。

もちろん「下克上」という言葉どおり、**身分の低い武士が上の人間を倒したり、独立を果たして戦国大名となる人物が、この時代には続出します。**

代表的なのは、静岡の今川氏から独立して小田原で戦国大名となった北条早雲《そううん》。山口の大内氏から独立して中国地方の覇者となった毛利元就《もうりもとなり》。それに商人として仕えながら、主君の土岐《とき》氏を打倒して美濃（現在の岐阜県南部）を奪った斎藤道三《どうざん》（2代にわたった説もある）などでしょう。

むろん多くの大名は守護や守護大名の流れを引いており、誰でもが戦国大名になれたわけではありません。しかし彼らを利用するということでいえば、やはり多くの人間が、自分の持てる能力を発揮することで名を上げてもいるのです。それは必ずしも〝武士として強い〟ことに限りませんでした。

たとえば、大名の参謀役として用いられた「軍師《ぐんし》」という存在がいます。武田信玄《たけだしんげん》に仕えた山本勘助《かんすけ》や豊臣秀吉に仕えた黒田官兵衛の影響で、すぐ戦略のアドバイザーと思われがちですが、兵法を教えたり、また易学《えきがく》によって戦況を占う専門家も軍師として重宝されました。

そして、ともに体が不自由であったとされる山本勘助や黒田官兵衛が有名になったように、武士として戦えなくても知恵によって認められることは可能だったわけです。彼ら2人は戦場で負傷した人間ですが、大友宗麟《そうりん》に仕えた軍師・立花道雪《たちばなどうせつ》のように、若いときに

◎戦国時代の代表的な軍師

軍師	仕えた武将	解説
山本勘助	武田信玄	武田家の領土拡大に貢献、川中島の合戦で戦死
竹中半兵衛	豊臣秀吉	稲葉山城乗っ取りが評価され、秀吉の部下に。知略で知られるも、36歳で病死
黒田官兵衛（如水）	豊臣秀吉	秀吉の全国制覇に貢献、息子長政は関ヶ原の東軍に見方し、備前・黒田家の礎を築く
太原雪斎	今川義元	黒衣の宰相と呼ばれ、武田氏と北条氏と三国の同盟を築き、駿河今川家を発展させる。桶狭間で義元が討たれる5年前に死去
立花道雪	大友義鑑	若いころに雷に打たれて半身付随になるも、椅子の上で軍を指揮し、備後大友氏の北九州制覇に貢献する
鍋島直茂	龍造寺隆信	軍師として龍造寺家の発展を支え、のちにリーダーも任され、肥前佐賀藩の藩祖となる
安国寺恵瓊	毛利輝元	秀吉との同盟に暗躍し、関ヶ原の戦いにおける西軍の将に、毛利家を担ぎ出すことに成功。関ヶ原の敗戦で処刑された
山中鹿之介（幸盛）	尼子勝久	毛利家に滅ぼされた出雲の尼子家再興のために奔走、「七難八苦を与えよ」と三日月に祈った話は有名
直江兼続	上杉景勝	関ヶ原に破れた上杉家を守り抜く、家康に抗議した「直江状」が有名
片倉小十郎（景綱）	伊達政宗	生涯にわたって正宗の補佐役となり、奥州制覇に貢献した
島左近	石田三成	石高の半分を持って三成に向かえられ、その野望に力を貸した勇将
本田正信	徳川家康	謀略や反対勢力の排除など、影の力として暗躍し、徳川幕府成立に大きな役割を果たしたとされる。数々の猛将以上に、家康からの信頼を得ていた参謀役

雷に打たれて半身不随になった……という武将も戦国時代には存在します。

他にも織田信長に用いられた滝川一益《かずます》のように、諜報《ちょうほう》役（忍者）の能力を買われたもの。同じく信長に仕えた九鬼嘉隆《くきよしたか》のように、船を率いる能力を買われたもの。熊本城の城主になった加藤清正のように、城をつくる能力を買われたもの……。

紀伊にいた「雑賀衆《さいがしゅう》」と呼ばれる人々のように鉄砲の生産で力を持った勢力もありましたし、キリスト教の宣教師や、茶人として大名を動かす人々もいたことを忘れてはいけません。

時代の変革期にこそ、自分の得意技が生きてくる。戦国時代から私たちが学べることは、たくさんあります。

■「最強の戦国大名」はどんな人物だったか？

ただし戦国時代において、あるいは現代でも同じかもしれませんが、**成功した人は単に〝得意技に長《た》けていた〟というだけでなく、しっかりした己《こ》の理念をもって戦っていたことを忘れてはいけません。**

たとえば秀吉の軍師としてスカウトされた、竹中半兵衛《はんべえ》（重治《しげはる》）という人がいます。

彼は16人の部下だけで、美濃の主君（斎藤龍興《たつおき》）の城を占領してしまったのですが、これは城主の怠慢を戒《いまし》めるため。占領後はすぐ、城を解放してしまいます。

お陰で半兵衛は解雇されるのですが、こうした義に厚い態度を、秀吉や信長は認めたわけです。

他にも数多い戦国大名のなかで〝最強〟といわれるのが上杉謙信《うえすぎけんしん》ですが、彼はお家存続が大事だったこの時代にあって、生涯妻帯しなかったという希有《けう》な武将です。しかも70戦無敗といわれる、ずば抜けた戦勝成績なのに、領土拡張や利益を奪うための戦争はほとんどしていません。

どうも自らを「毘沙門天《びしゃもんてん》＝仏教の戦いの神様」と同一視し、困った相手から「助けてほしい」という要望を受けた場合に、秩序回復のための戦争を繰り返していたようです。

謙信の有名な戦が、武田信玄と戦った「川中島《かわなかじま》の戦い」ですが、これは関東管領《かんれい》だった上杉憲政《けんせい》のために兵を挙げた戦いです。

「関東管領」というのは室町幕府が関東を治めるためにつくった役職ですが、幕府と同様に戦国時代になるとその権威が落ち、甲斐《かい》（現在の山梨県）を支配した武田氏らによって、次々と信州の領地を奪われていたわけです。

その関東管領の上杉氏が頼ったのが越後（現在の新潟県）を統一した長尾景虎《かげとら》で、もとは守護代。この下克上の世の中にあって、彼は立場上で上司となる関東管領の失地回復のためのみに、１５５３年から10年にわたって信玄と戦うわけです。その功績で長尾景虎が得たのが、名門家〝上杉〟の姓。上杉謙信の誕生でした。

その信玄が北条氏に交易路を閉鎖されたとき、国の窮状を救うために塩を送った話は有名です。こうした高い理念が、直江兼続《なおえかねつぐ》などの名将に引き継がれていったわけです。

20 なぜ日本人は織田信長に憧れるのか？

……大きな目標が人を強くする

信長は果たして天才だったのか？

ビジネスにおいて、これまでの常識を覆《くつがえ》す革新を引き起こすことを「イノベーション」と呼びます。日本史において、そんなイノベーションを引き起こした人物として、真っ先に思い浮かぶのが織田信長でしょう。

大名、すなわち地方を治める武士の頭領から民衆まで、国内にいるすべての人間が、1つの国家によって秩序づけられる……。いまは当然のことですが、その当然のことがそれまでの日本では行なわれてきませんでした。

信長は「本能寺の変」（1582）で明智光秀に暗殺され、完遂することはできなかったのですが、豊臣秀吉にしろ、徳川家康にしろ、信長の敷いたレールに従ったから新しい国家をつくりあげることができたわけです。

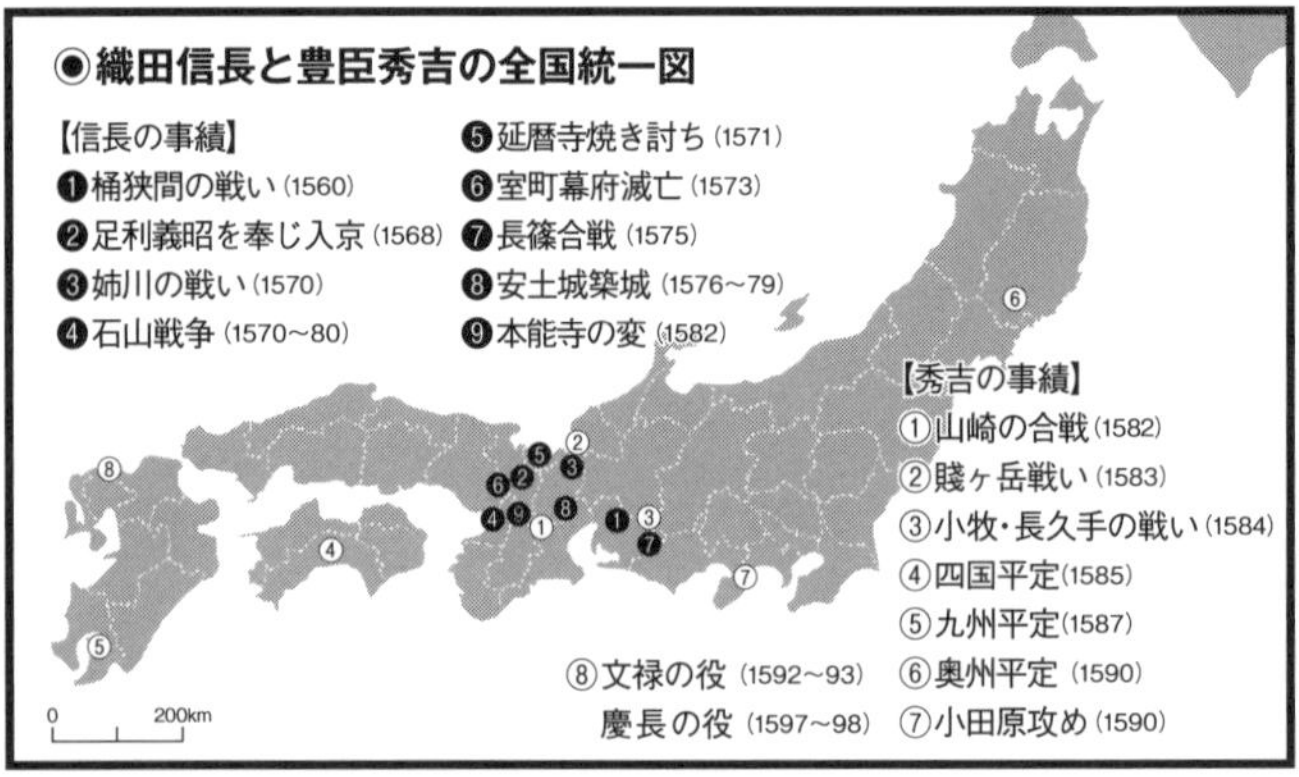

（参考：『詳説　日本史』山川出版社）

じつは信長の天才性に関しては、最近になってさまざまな検証が行なわれています。今川義元を破った「桶狭間《おけはざま》の戦い」（１５６０）の、圧倒的多数を少数で破った奇襲攻撃も疑問視されているし、武田の騎馬隊を破った「長篠《ながしの》の戦い」（１５７５）における、鉄砲隊を３大隊に分けローテーションで砲撃した「三段打ち」も、そもそもそれだけの鉄砲を用意できなかったようです。

それでも**信長が常人と違ったのは、「天下を統一する」という、どんな強い大名も思いつかなかったことを実行したからでしょう。**

武田信玄も上杉謙信も、いずれも信長に敵対しながら途中で世を去りますが、２人とも将軍・足利義昭の命を受けての出陣。桶狭間で討たれた今川義元も、天下を治めようと上洛しようとしていたわけではなかったようです。

だいたい自国を安定させたうえで、徐々にお隣りの領地を奪っていく……というのが、当時の大名の常識でした。日本全国のことなど、範疇《はんちゅう》にありません。

信長にしても、じつは最初から「全国統一」を企んでいたわけではありません。

彼は尾張を統一して美濃を奪ったとき、「天下布武」という印を使い始めています。「武力で天下を治める」ということですが、『織田信長』(神田千里著、ちくま新書)によれば、当時の「天下」とはほぼ「畿内」、現在の近畿地方という範囲でしかないとのこと。

しかし現実に彼が統一運動を目指すようになったのは、室町幕府15代の足利義昭を助けて、上洛してから。彼は近江、京都、奈良、大坂……と、将軍さまが治めるべきところを牛耳っていた大名たちを次々と片づけていくのですが、よくわかったのは「将軍そのものがしっかりしないから、現在の混乱時代が起こっている」ということ。

だから何度も将軍に抗議し、そのつど対立し、最後は義昭が京都から逃げて信長の討伐令を出すわけです。これが事実上の室町時代の終了であり、信長による全国統一の始まりです。

心から目指していたのは「平和」?

ただ、信長の全国統一の思いが、各地の戦国大名を次々と倒していく……というものだったかといえば、これは少し疑問です。

対立した上杉氏にしろ、毛利氏にしろ、信長はまず同盟を求めた外交をしています。後にそのやり方は秀吉にも引き継がれますが、**決して相手を武力支配するのでなく、傘下に加わってもらい、秩序さえ回復できれば良し、という考えだったようです。**当初、将軍を保護し、また朝廷と良好な関係をつくろうとしたのは、国の再編成に有利だからでしょう。

一方で比叡山《ひえいざん》を焼き討ちし、大坂（石山）や北陸の本願寺勢力と徹底抗戦したのは、これら当時の仏教勢力は武器を持ち、争いの火種を起こすことが多かったからです。民衆に寄り添うべき僧侶が、世の秩序を乱すのを彼は許しませんでした。僧侶同士が論争の果てにケンカまで始める「宗論」を彼は禁止したし、キリスト教の宣教師と仲良くしたのも、じつは当時はいちばん害のない宗教だったから……ともいわれます。

そもそも戦国時代というのは、あらゆる勢力が利益を奪うような無法の時代です。戦国大名たちは支配を確立したうえで、法によって秩序を回復しようとしますが、その大名がどこかの大名に攻められれば、また無秩序に戻ります。

「信長が平和を目指した」というのは不思議に聞こえますが、実際彼が目指したのは、日本全体の秩序を回復すること。だから長年、ともに戦ってきた部下であっても、「民衆から不満が出ている」という評判を聞くと、最終的には破門するようなことを平気でやっているわけです。**組織の目的を理解できない部下は、断固として処分**……ということですね。

「よき理解力と明晰な判断力を具《そな》え、神および仏のいっさいの礼拝、崇拝、ならびにあらゆる異教的卜占《ぼくせん》や迷信的習慣を軽視していた」

これはポルトガルの宣教師、ルイス・フロイスの信長評価。この独善的なまでの冷徹さと一貫性が明智光秀《あけちみつひで》の謀反《むほん》を招いたのかもしれませんが、目標の達成を願うビジネスパーソンは、どこかで意識しなければならないことでしょう。

21 豊臣秀吉と「武器を持たなかったカリスマ」たち

……こうして全国統一は実現した

■ 秀吉成功の要因～人を味方にする力

「戦国時代は誰にでもチャンスが到来した時代」と述べましたが、そのなかで最も成功した人間といえば、やはり信長のあとをついで全国統一を成し遂げた人、豊臣秀吉でしょう。その出身は貧しい農民ともいわれますから、天皇から与えられた関白や太閤という身分を考えれば、地位的にも経済的にも日本史上最大の出世を成し遂げた人物かもしれません。

いったいこの秀吉の何が優《すぐ》れていたのか？

確かに武士として強かったでしょうし、戦略にも長けていた。しかし一番の長所は、仕事における最も大切な能力。すなわち、人間関係をつくる能力にあったのだろうと思います。

実際、彼が信長の下で仕え、武将として出世していった過程を見ればわかります。信長は成果主義者でしたから、草履《ぞうり》を温めてあげるくらいでは大将級の地位に抜擢されません。

彼が抜擢されたのは強かったからです。

しかしその強さは、秀吉自身の強さというより、味方にした仲間の強さでした。たとえば信長が、義弟だった浅井長政《あさいながまさ》の裏切りによって朝倉氏に大敗した「金ヶ崎《かねがさき》の戦い」。このとき秀吉は逃げる軍の最後方で敵を食い止める「しんがり」の役を引き受けて、評価を得ます。しかし実際に活躍したのは、山賊《さんぞく》からスカウトされたとされる蜂須賀小六《はちすかころく》（正勝《まさかつ》）です。

北近江の浅井・朝倉氏との合戦、中国地方における毛利氏との戦いなど、秀吉は信長政権で活躍しますが、そのブレーンには竹中半兵衛（36歳で病死）、黒田官兵衛という、いずれもスカウトによって獲得した天才軍師がいたことを忘れてはいけません。

信長の死後、秀吉は信長軍の最高実力者だった柴田勝家《かついえ》と争い、これを破ることで信長の後継者となります（賤ヶ岳《しずがたけ》の戦い・1583）。このときの勝因も、本来なら勝家の部下だった前田利家《としいえ》が、若い頃からともにすごしていた秀吉に対して軍を動かさなかったことに影響されました。

後に秀吉政権の内政において活躍し、関ヶ原で西軍を率いた石田三成《みつなり》は、秀吉が鷹狩りの途中で寄った寺院でスカウトしたといわれます。お茶の出し方を気に入った話は後世の創作のようですが、それくらい人を見抜く目にも、人から好かれる能力にも優れていたということでしょう。

■ 心のみで、国のトップを動かした偉大な人々

ビジネスにおいては、**1人素晴らしい人脈をつかめば、その人のお陰でたくさんの有望な人脈を得ることがあります。**

ところがその素晴らしい1人が、ときには単なる飲み仲間だったり、プライベートな友人だったりということがよくあるのです。だからついつい、その大切さを私たちは忘れてしまう。秀吉の栄光と凋落《ちょうらく》も、そうした人間関係の側面が強く影響していました。

その1人が、ほかならぬ正妻だった〝おね〟。後に北政所《きたのまんどころ》と呼ばれた、戦国時代に最も強い力をもった女性でしょう。

戦国時代のお姫様というと、政略結婚の犠牲になり、後継を確実にするために側室を置くことを余儀なくされ、あげく主人と命運をともにする……といった不幸なイメージが付きまといます。

しかし大名が不在の間、大名の妻は代理で内政を行なったり、ときには他国の大名をもて

なしたりと、自国経営に重要な役割を担っていました。この点で「女性が軽んじられた」と考えるのは間違いです。

そのなかで秀吉夫人のおねは、信長に仕えていた頃から秀吉の政策に対する相談役となり、また主君である信長との間の緩衝《かんしょう》役になったり、秀吉が覇権《はけん》をとってからは諸大名の相談窓口にもなっていました。秀吉の人脈を、夫人が支えたところもあるわけですね。

もう1人、忘れてはならないのは、秀吉の親友ともなった茶人、千利休《せんのりきゅう》でしょう。茶の大成者として信長の頃から大名に対する影響力をもっていた利休ですが、**茶の湯を大名たちが重視したのには、それが人間関係をつくる大きな手段になったからです。**

そもそも茶室においては、すべての武将たちが刀を取り外し、狭い空間のなかで身分の隔《へだ》たりのない交流をするのがルールです。徳川家康や毛利輝元《てるもと》、上杉景勝《かげかつ》（謙信の後継者）など、敵対していた大名たちを秀吉が傘下《さんか》にし、極力平和的に全国統一できたのも、日本一の茶人を取り込み、ともに茶を飲む場を演出できたことが大きかったと思います。

晩年、秀吉の側室だった淀君《よどぎみ》が唯一の嫡男《ちゃくなん》となる秀頼《ひでより》を生んだことで、正妻のおねが軽んじられるようになります。

一方で千利休は、秀吉暗殺の疑いをかけられたことで、切腹《せっぷく》を申しつけられました。

晩年の秀吉の失政として、2度にわたる朝鮮出兵がよく挙げられますが（文禄《ぶんろく》・慶長《けいちょう》の役、1592、7）、鉄砲や軍艦などの最新兵器を備えた当時の日本の軍事力はヨーロッパ諸国をも超えており、きちんとした計画を練っていれば決して無謀な対外進出ではなかったという説もあります。むしろ**知略を練ったり、前線で奮闘したりしてきた部下たちの心が離れていったことに原因があるのかもしれません**。

事実、秀吉の死後、利休の茶がつないでいた大名たちは分裂し、加藤清正、福島正則《まさのり》、黒田長政、池田輝政など、おねが我が子のように可愛がっていた若い武将たちも、続々と豊臣側から離れていくわけです。

第 4 章

武士道と商人道、この成功哲学を忘れるな

江戸300年が日本人にもたらしたもの

知ってておきたいこと

300年の平和は、「命をかけた仕事意識」をつくりあげた

日本人はあまり意識していませんが、江戸時代の日本は、ほぼ300年にわたって対外戦争もなく、大きな内乱も起こらなかったという点で、世界史上でも稀《まれ》なくらいの平和を実現した国家です。

幕末から明治維新期にかけて日本を訪ねた外国人は、日本について、次のように記述しています（渡辺京二著『逝きし世の面影』平凡社）。

「農村の庶民でさえ、欧米の庶民よりも圧倒的に経済的に豊かだった」

「経済的な余裕、食うに困らぬ暮らしが親和性を生み、どこに行ってもみんな幸せそうだ」

確かに士農工商という身分制はありましたが、個人の努力によって、少なくとも経済的な成功は達成できる。だから富裕な農家や商人が武士を逆転することは、いくらでもありました。現に現在の日本のビジネスを支えている企業でも、江戸時代の商人に端《たん》を発するところがいくらでもあるのです。

平和が続くことにより、民衆は戦に駆《か》り立てられることもなく、都市や村落は安定し、民衆の教育レベルや文化度もアップしました。西洋の文化が王や貴族をパトロンとした

トップダウンで繁栄したのに対し、日本では歌舞伎や相撲《すもう》のような興行文化も、「浮世草《うきよぞう》子《し》」に代表される文学も、あるいは版画となって普及した浮世絵のような芸術も、すべて大衆発のボトムアップで広がっています。

当時の江戸は１００万人を超える人口を保ち、同時代のパリやロンドンを超える世界有数の都市でした。そこでは現在の寿司や蕎麦に連なるような民衆向けの外食文化が発達し、現在の伝統工芸に継承される庶民向けの技術が発達していきました。着物や漆器《しっき》、あるいは花火や各種の工芸品など、現在も世界に誇れるものは数多くあります。

いったいなぜ、日本はそんな文化をつくりあげることができたのか？

徳川家康が築き上げた江戸幕府は、当初は戦国大名たちの自主性を保ってまとめあげた、妥協《だきょう》の産物のような政府でした。徳川家の中心は江戸という辺境地から動かず、信長や秀吉のように畿内の大都会に移動していません。

不満を人に与えず、その状態で争いの要因になりえる要素を一つひとつ排除していく。野蛮なように思われがちな江戸時代の日本ですが、この時代の発想に私たちが学ぶべきことは、たくさんあるような気がします。

22 江戸幕府、平和な組織のつくり方

……徳川家康は一体何をもたらしたのか？

徳川家康とはどんな人間だったのか？

徳川家康は1542年の生まれ、諸説ありますが、全国統一を達成した豊臣秀吉は5歳年上、秀吉亡きあと家康の最大のライバルになると目された前田利家は4歳年上でした。ちなみに本能寺で倒れた織田信長は8歳年上、もし順当に人の寿命が尽きていくなら、最終的にチャンスがめぐってくるのは自分ではないか？

そんなことを家康が考えていたかどうかはわかりません。ただ彼は「長く生きる」ということには必死で、食事は麦飯と味噌という粗食を常とし、乗馬や鷹狩りだけでなく水泳のようなスポーツも習慣化させていたようです。

さらに家康はそもそも戦が上手な人ではなかったようですが、「三方《み かた》ヶ原《はら》の戦い」（1573）で武田信玄に破れたときは、自分の惨《みじ》めな姿を絵に描かせたようです。そのときの屈辱《くつじょく》を生涯忘れないためでした。

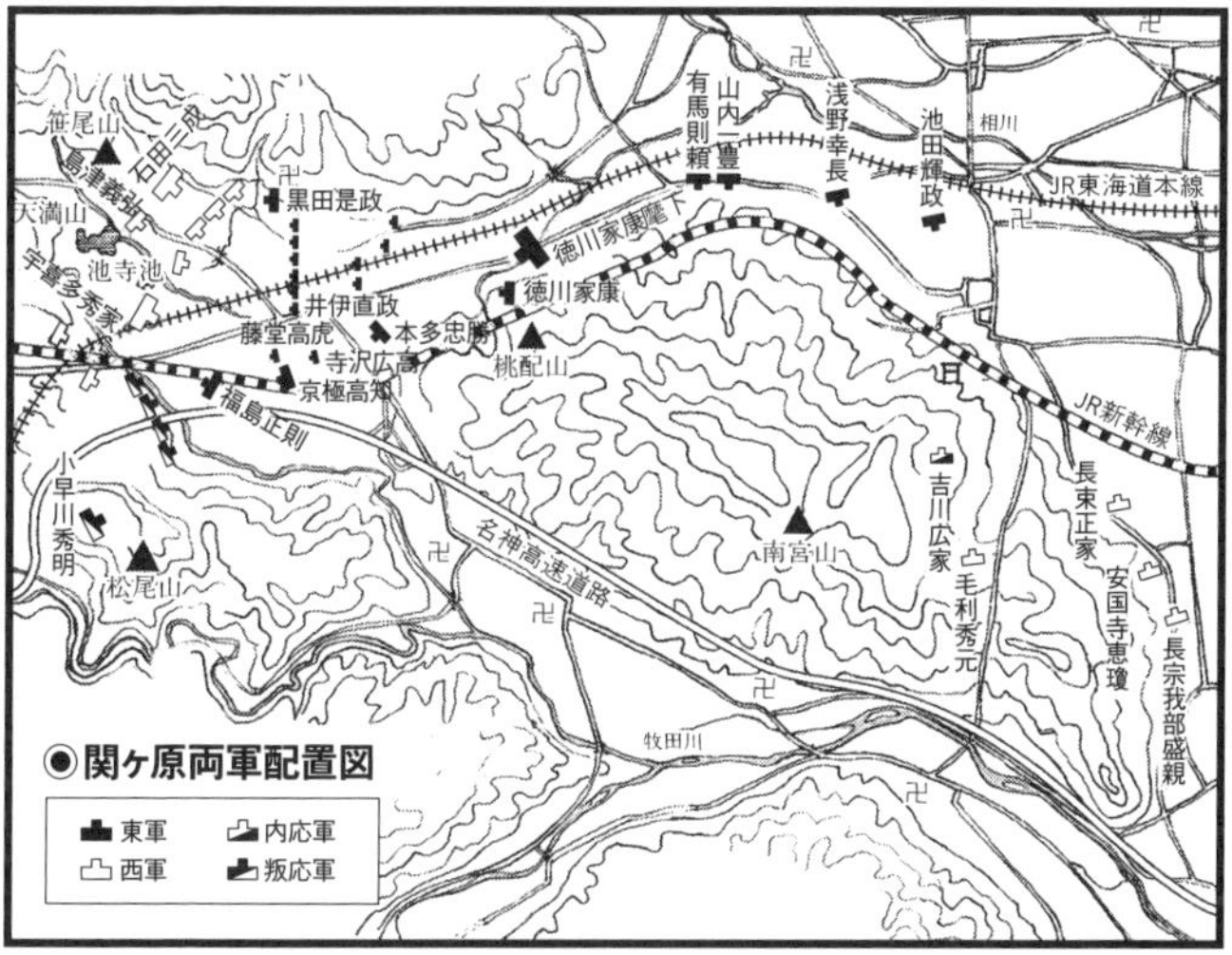

◉関ヶ原両軍配置図

（参考：桑田忠親他監修『旧参謀本部編纂　日本戦史関原役』徳間書店）

天下分け目をかけて石田三成に勝利した「関ヶ原の戦い」（1600）も、事前の外交戦ですでに11万対8万という戦力差をつけていました。なおかつ西軍・小《こ》早川《ばやかわ》秀秋《ひであき》の1万5千の兵を率いた裏切りも取りつけていましたから、結果的に息子・秀忠《ひでただ》が指揮する3万8千の正規軍が真田幸村（信繁《のぶしげ》）に食い止められても問題なかったわけです。

ようするに**江戸幕府体制での平和な世の中は、こんなふうに、ひたすら辛抱《しんぼう》強く、慎重に根気よく物事を実行できる人物がつくりあげたものだったのです。**決して行き当たりばったりでなく、細部まで漏《も》れのない盤石《ばんじゃく》なものであったことは十分に想像できます。

ならば安定した政権を、家康はどのようにつくっていったのでしょう?

これまでの歴史を考えるなら、ようは「幕府を倒すような勢力」が出ないような仕組みをつくればいいのです。よって当面の敵の中心になりそうな豊臣家は、「大坂冬の陣・夏の陣」(1614、5)によって城ごと排除します。

城の堀を埋め立てさせたうえ、さらに難癖をつけて攻撃を仕掛けたのですから、えげつないことこの上ないのですが、やはり反徳川の根を残すわけにいかなかったのでしょう。淀君と秀吉の嫡男・秀頼はこのとき自害して果てます。

さらに豊臣に味方した大名の領地は思いっきり没収し、できるだけ遠くにやってしまう。代わりに家康の家臣たちを「譜代《ふだい》大名」として配置したわけです。

∷ 戦う者はもういらない!

敵を遠くに追いやるだけでなく、「できることならなくしてしまう」のが一番の安全策。

まず家康は、「関白」のような貴族の地位を欲せず、天皇から「征夷大将軍」の地位を認めてもらいます。そして武家の頭領になった上で、「武家諸法度《ぶけしょはっと》」というルールを定め、違反する有力大名を取り潰していきます。有力武将だった福島正則や加藤清正の家は、ほとんど言いがかりのような形で消去されました。

大名たちからすると「徳川家は卑怯《ひきょう》！」となりますが、家康が望んだのは太平の時代なのです。**太平の時代に武士は必要ない。**じつは徳川家自身、のちのちリストラには苦労することになりますが、長く戦争が続いたことにより、日本は戦う者が溢《あふ》れる状況になっていたのです。逆説的ですが「武士」を解体していくことが、平和な時代の武士政権の至上命題になっていきました。

すでに「武家諸法度」では「一国一城」というルールが定められており、戦乱の世に溢れていた地方の城は次々と廃棄《はいき》されていきます。

そして多数の兵力を養うには、やはり大名たちも財力が必要になります。それを阻止するかのように、家康は江戸城の普請《ふしん》で多額の出費を諸大名に要求したり、三代将軍家光の時代には、幕府が1年置きに江戸に出向しなければならない制度「参勤交代《さんきんこうたい》」を実行することになるわけです。

一方で、財力の基盤となりそうなものは極力、幕府の管轄下に集中させていきます。たとえば地方の金山や銀山は、ほぼ幕府の所有になり、海外との貿易権も幕府が独占します。

江戸時代の貿易といえば、認められるのは長崎の出島のみ。相手も琉球を除けば、中国・朝鮮とオランダのみ、ということになりました。「鎖国《さこく》」と呼ばれる制度です。

当時のオランダは、イギリスとともに海上貿易の先進国になっていました。しかも新興のプロテスタント国ですから、日本に来るのは純粋な商売で、押され気味になっていたスペインやポルトガルと違って宣教師をつれてきません。

1637年のキリシタンによる「島原の乱」で、キリスト教の禁止は決定的になりますが、そうでなくてもオランダは幕府とのみ独占交易をするのに都合のいい相手だったわけです。

いずれにしろ、あとは大名に任せ、持てる資産で好きなように各地を運営させる。ならば軍事のような余計なことにお金をかけず、国を豊かにするよう各々が考えていかねばなりません。そうして実現したのが、250年以上、戦争のない世の中でした。

23 綱吉・吉宗、水戸光圀、将軍たちの仕事術

……見習うべき「江戸のリーダー」の考え方

「生類憐《せいるいあわ》れみの令」が時代を変えた

リーダーには、新しい改革を次々と実現する「革新的なタイプ」と、伝統を尊重する「保守的なタイプ」の2種類が存在します。

江戸時代というのは、日本全国を巻き込んだ戦争が終わり、新興の都市である江戸を核に、民衆が国を支えていく新しい時代です。ただ、同時に将軍を頂点とする〝武士〟という権威を支配層に置いた、従来からの伝統に則った社会でもありました。

時代は、リーダーが重んずる伝統と革新とのせめぎ合いで、動いていきます。

そのなかで秩序ある時代へ向けて、大きな変化の舵《かじ》を切ったのが、5代目将軍、徳川綱吉でしょう。その政策として有名なのは、「生類憐れみの令」（1685）です。

野良犬をはじめ、ちょっと生き物を追い払っただけで処罰される。江戸の町では通りを

闊歩する犬を追い払うこともできず、「お犬様」などと畏《おそ》れられるようになった……。

だから「天下の悪法」などといわれたのですが、最近では歴史学の評価も変わりました。新渡戸稲造《にとべいなぞう》の『武士道』にも書かれていますが、刀を抜くことが少なくなった江戸期、「試し斬《ぎ》り」ということで、小動物が犠牲になることはよくあったわけです。ときにそれは「辻斬《つじぎ》り」という殺人行為にまで及びます。

武士は権力者であり、民衆は逆らえない。しかしその武士も職にありつけず、ストレスを弱い者にぶつけだす。つまり、「生類憐れみの令」は、「むやみに命を奪うな」ということで、戦国時代から続いていた命を軽視する考え方を転換するための措置《そち》だった……というわけです。武士の時代でなく、民衆の時代を志向した法、ということです。

実際、綱吉の時代には近松門左衛門《ちかまつもんざえもん》や井原西鶴《いはらさいかく》といった町人発の文化が大飛躍した時代です。この頃オランダ人と偽って日本に入国したケンペルというドイツ人は、綱吉のことを「名君だった」と評価しました。

しかし綱吉の民衆寄りの改革は、伝統を重んじる武士からすれば、その身分を軽んじられるような行き過ぎの策にも映ります。そこでアンタッチャブルな立場をいいことに、綱吉に対して野犬20匹の皮を送りつけた……とされるのが、天下の副将軍・水戸光圀《みつくに》でした。

いわゆる「水戸黄門さん」です。

これが事実かどうかは不明ですが、実際に法令に逆らって堂々と肉を食べていたとか。チーズも、ラーメンも、日本で最初に、この人が食べたと言われます。

■「暴れん坊将軍」が実際にやったこと

水戸光圀の「副将軍」という地位は、正式なものではありません。徳川時代、将軍が絶えないようにと、家康の血を引く尾張、紀州、水戸の3つの徳川家が「御三家」として重んじられましたが、そのなかで水戸だけは将軍を出す資格がなく、その代わり補佐役をずっと務めることを期待されたから、そう呼ばれるようになったそうです。

光圀は、「民衆に先立って天下のことを憂《うれ》い、民衆がみな安楽な日を送るようになって後に楽しむ」という言葉を信条としたように、リーダーとしての使命を重視しました。

だからこそ「平和になった時代の武士がどうあるべきか」ということを真剣に考えてもいた。そのために彼が行なったのは全国行脚《あんぎゃ》……実際は自分自身はあまり動かなかったのですが、助さん格さんに当たるような人を各地に派遣して、全国の資料を集め、『大日本史』という全397巻の書物の編纂事業を始めます。これによって歴史的な武士の意義、将軍の価値といったものを再確認しようとしたわけです。

綱吉と光圀は再び後継者問題で争いますが、最終的には光圀の意見を飲み、兄の息子である徳川家宣《いえのぶ》を6代目将軍とすることで納得します。この家宣の時代、儒学者《じゅがくしゃ》の新井白石《あらいはくせき》らの意見もあって「生類憐れみの令」は廃止されました。

しかし家宣の次代の家継《いえつぐ》が短命で終わったあと、新しく紀州の徳川家から来た将軍が「享保《きょうほ》の改革」（1716）と呼ばれる再び民衆寄りの政治を復活。これが8代将軍、吉宗《よしむね》です。

ドラマ『暴れん坊将軍』のように浪人を装って町内の声を聞いた……というのはフィクションですが、彼は「目安箱」という、いわば「クレーム受付箱」を置いて町人の声を聞きました。その結果、「小石川養生所」という貧民救済の福祉施設も生まれています。

さらに評判が高かった奉行《ぶぎょう》、「大岡越前《えちぜん》」を抜擢して、治安の維持や役人の腐敗《ふはい》の撲滅《ぼくめつ》にも努めました。**武士階級には徹底した倹約を義務づけたわけです。**

農業においても新田《しんでん》開発を推奨したり、不作地には農業学者・青木昆陽《こんよう》が栽培実用化したサツマイモを導入するなど、優れた政策を行なっています。ただ、どんなに不作であっても年貢を一定額にするよう固定したため、農民の不満は噴出します。正義の人ではあったのでしょうが、経済政策は失敗した……というのが、この人の評価のようです。

24 大久保彦左衛門と忠臣蔵
……誇りを守るために最後にできることは？

■「江戸のご意見番」が望んだもの

自分の生きがいだと思っていた仕事が、時代環境の変化でなくなってしまった……。そんな状況になったら、皆さんはどう思うでしょうか？

変化がめまぐるしい現代、これはどんな仕事でも、決して起こりえないことではありません。そして時代をさかのぼった江戸時代、平和になったことの代償として、同じ立場に立たされたのが武士たちだったのです。

徳川家康の下で武将として戦った、大久保彦左衛門（忠教《ただのり》）という人がいます。後に「天下のご意見番」といわれたくらい信望の厚かった人ですが、「一心太助《いっしんたすけ》」を使って世直しをしたとか、2代目将軍・秀忠が倹約策として「将軍以外は、旗本《はたもと》クラスの武士でも籠《かご》に乗って登城するのを禁止」という法を定めたとき、「これならいいだろ！」と自分が上に乗った大きなタライを担がせて城に出勤した……という伝説のある人です。

しかし実際に彦左衛門が尊敬されたのは、職にあぶれた武士たちの仕事の斡旋《あっせん》に、ずっと奮闘していたからです。江戸時代になり、**自分のアイデンティティを見出せなくなった武士たちは、落ち込み、誇りを失っていきます。**それを防ぐために、彼は武士たちが強かった時代の記憶を『三河《みかわ》物語』という書物で語り続けたわけです。

それよりあとの1651年、とうとう武士たちが地位の改善を願って反乱を起こそうとします（慶安《けいあん》の変）。計画は未然に察知されて阻止されますが、こともあろうに首謀者は、評判の高い軍学者、由井正雪《ゆいしょうせつ》でした。

「士農工商」という身分制が示す通り、武士は社会のエリートで、尊敬されるべき人々。しかし幕府は大名たちの力を削ぐため、また国の負担を減らすため、仕事のない武士をつくり続けます。

身分は高いけど、何をやっているかわからない武士が増えてくれば、当然、民衆たちは「彼らは何をやってくれる人なんだ？」と疑問に感じ始めます。

一方で武士たちも、刀は下げているけれど、それを使う機会はない。「自分たちは何のために存在しているのか？」と悩むようになる。

そんな社会矛盾が溜まっていくなかで、起こったのがあの「四十七士の」事件でした。

赤穂浪士討ち入りの果たした意味

大石内蔵助《おおいしくらのすけ》（良雄）が、いまの兵庫県にあった赤穂藩《あこう》の47人の武士をつれて、吉良上野介《きらこうずけのすけ》（義央）宅に押し入った赤穂浪士《ろうし》の事件（1702）。年末には必ずテレビでドラマが放送され、日本人にはお馴染《なじ》みの物語です。

この事件の歴史的な詳細はわかっていないようですが、よくよく考えるとナンセンスな話もあるわけです。

なぜなら事件の発端は、天皇の使者をもてなすという、公式の場なのです。そこで「バカにされた」という事実があったとしても、世話役を任された浅野内匠頭《あさのたくみのかみ》（長矩《ながのり》）が刀を抜いて上司を斬りつけたというのは、あまりにもやりすぎです。しかも「背後から斬りつけた」という記録も残っているとか。

じつはもともと内匠頭はカッとくると刀を抜く悪癖があったようで、地元でもたびたび問題を起こしていたようです。事件を起こした結果、切腹ということになるのですが、当時の法としては当然の沙汰になるでしょう。

ただ、民衆はここで「仇討《あだう》ち」を期待しました。

主君がバカにされて、黙っているのは武士ではあるまい。命を賭けて無念をはらすのが、彼らの使命ではないか……と。

「武士としての存在価値」が、ここで問われる話になってしまったわけです。

浅野家に仕えていた大石内蔵助としては、重要な課題がありました。それは「藩の取り潰しを防ぐ」ということ。

先に書いたように、徳川幕府としては一貫して、かつての戦国大名の領地のスクラップ&ビルドを続けていたわけです。浅野家も、もともとは秀吉の妻、おねが出た家の分家でしたから、そんな大名家をいつまでも残しておく理由はなかったわけです。

しかし仇討ちをすれば、武士の名分を果たしたことになるかもしれない。内蔵助にはそんな願いもあったのでしょう。命を賭けた討ち入りを、結局は実行することにしました。

最後は討ち入りは成功するものの、47人全員の切腹となったわけです。後世に与えた影響は大きかったと思います。

現在までも「武士はこうあるもの」として、彼らの覚悟の行動が美談になっている。ある意味で彼らは、自分たちの存在意義を世に示したことになったのです。

25 数々のエドノミクスはどれくらい成功したのか?

……上杉鷹山が世界に先駆けてやったこと

■江戸の三大改革はほぼ失敗だった!?

教科書で習ったように、江戸時代においては何度も行政改革、あるいは経済改革が行なわれました。まとめると次のようなものになります。

・1709〜16　正徳《しょうとく》の治《ち》（新井白石）……貨幣改革、貿易の制限など
・1716〜45　享保《きょうほう》の改革（徳川吉宗）……倹約令、目安箱、年貢石の固定化
・1767〜86　田沼意次《おきつぐ》の改革……商業の奨励、消費税導入、貨幣改革
・1787〜93　寛政《かんせい》の改革（松平定信）……倹約令、異学の禁（朱子学以外の学問の禁止）、備蓄米の創設など
・1838頃〜43　天保《てんぽう》の改革（水野忠邦）……株仲間の解散、人返し令、高野長英など蘭学者の弾圧

このうち三大改革といわれるのが、享保、寛政、天保の3つですが、どれも**質素を義務づけ、上下身分を重んじた儒教の朱子学を徹底する**という社会統制を重んじるものです。改革とはいえ、旧秩序の慣例をと遵守《じゅんしゅ》し、変化を妨げるものだったことがわかるでしょう。

一方で田沼意次の時代は、賄賂《わいろ》が横行したということで非常に評判は悪くなっています。しかし商業を活性化したことは江戸に好景気を生み、現代でいう消費税をとることで幕府の財政も好転します。この改革が武士に嫌われたのは、士農工商の最下層である商人を重視し、しかも清廉《せいれん》なエリート武士が不浄のものとした「お金儲け」にこだわった改革だったからでしょう。

考えてみれば武士の収入が「石高《こくだか》」で記されるように、貨幣が流通しても、原則として武士の給料は「米」に換算されました。しかし米は本来たくさんとれれば価格が下がり、不作になれば価格が上がるのが普通です。なのに石高を経済の基本にしていたのでは、経済が破綻していくのは当然です。

不幸にも田沼意次の時代は「天明の飢饉《ききん》」などが起こり、農民が江戸に大量に流入することが起こりました。打開策として彼は、当時、アイヌ民族の自治に任せていた北海道を開発し、さらにその向こうのロシアとの交易まで考えていたといいます。

けれどもこうした新規アイデアは、変化を嫌う松平定信らによってことごとく廃棄されたわけです。天保になると、16人の妻妾《さいしょう》を持ったという11代将軍・家斉《いえなり》の極端な浪費が財政を悪化させますが、そうでなくても江戸末期に向けて幕府は破綻しかけていたわけです。

上杉鷹山の現代も見倣《なら》うべき改革

改革に熱心だったのは、幕府だけではありません。むしろ江戸城や市内の整備のためにお金を払わされ、しかも2年に1回の参勤交代が義務づけられている諸大名のほうが、藩財政の改革が急務になっていました。

その藩財政改革の成功者として、最も名高いのが米沢《よねざわ》藩を再建した上杉鷹山《ようざん》でしょう。かのケネディ大統領が尊敬する政治家にあげた、という伝説もあるくらいです。

上杉鷹山（治憲《はるのり》）というのは、そもそも宮崎の大名だった秋月家の生まれです。上杉家には養子として迎えられるのですが、この藩はそもそもが謙信からの長い伝統を持ち、越後から米沢（現在の山形県）の小さな領地に移されたというのに、大量の武士をそのまま置いておいたということで、財政危機を迎えていました。

いってしまえば彼の改革は、まずリストラです。けれどもいきなり婿養子でやってきた

◎江戸時代の政治改革

名称	人物	業績	改革内容
正徳の治(1709~716)	新井白石	貨幣の改鋳(1714)	慶長金銀と同じ品位に戻す正徳金銀を発行した。貨幣発行量を縮小するデフレ政策をとった。
		長崎貿易の制限(1715)	金銀の流失を防ぐため、中国やオランダの貿易船の数を制限した。
享保の改革(1716~1745)	徳川吉宗(将軍)	倹約令	元禄の繁栄の中でにつけた過剰な浪費生活をやめるよう、きびしい倹約令をくりかえした。
		年貢の増徴	それまでの四公六民(収穫高の4割を年貢、6割を農民の保有米とする租率)を五公五民とした。
		検見法から定免法	豊凶作に関係なく、過去数年間の収穫高を基準にして税率を定め、年貢を徴収する方法。これによって、収入の安定をはかった。
		目安箱の設置(1721)	目安箱への投書によって、小石川養生所の設置や町火消の制度が実施された。
		上げ米の制(1722)	諸大名に1万石につき100石を幕府に上納させ、そのかわりに参勤交代の江戸滞在期間を半減にする制度。
		足高の制(1723)	役職の標準石高を定め、それ以下の者が就任する場合は在職期間のみ不足分を支給する制度。
		公事方御定書(1742)	商業の発展にともなって増大する訴訟のために裁判や刑罰の基準などを定めた成文法。
田沼の改革(1759~1786)	田沼意次(側用人・老中)	株仲間の公認	株仲間制度を発展させ、商業を活性化し、利益を運上金、冥加金として幕府に納めさせる。農民だけでなく、商人にも課税する税制の構造改革を行った。
		通貨制度の改革(1765、1772)	明和5匁銀の銀貨を発行した。五匁銀貨12枚で、金1両と定めた。銀60匁=金1両の固定相場ができ、金と銀は連動する統一された通貨になった。銀貨を目方を量って取り引きする秤量通貨制度から、額面通りの表位通貨制度へ変更した。さらに、関東の金経済と、関西の銀経済の一元化を図った銀貨である南鐐二朱判を発行した。
		長崎貿易の奨励(1763)	銅や俵物(イリコ、フカヒレ、なまこ、干貝柱、昆布などの干物を俵につめたもの)を輸出し、金貨、銀貨を輸入した。貿易相手国を拡大し、開国思想があった。

改革	人物	政策	内容
		印旛沼・手賀沼の干拓	吉宗時代に着手し、失敗した印旛沼・手賀沼の干拓に再度チャレンジした。
		蝦夷地開拓の計画	蝦夷地の一割を新田畑として開発し六百万石の石高をあげようとした。ロシアとの密貿易を正式に交易しようとしたが、浅間山の噴火で天明の飢饉がおき、百姓一揆・打ちこわしが多発し田沼は失脚し計画は中止になった。
		わいろ政治、商人の力を利用	わいろは公認されていた。自分の望みをかなえてくれる相手、約束を守ってくれた人には金品や贈り物で謝礼する。これが当時の礼儀という考え方なので、わいろは悪事だなどと罪の意識はなかった。
寛政の改革（1787～1793）	松平定信（老中）	倹約令（1789）	役所諸経費の節減や庶民の華美に流れていた風俗を取り締まった。
		朱子学以外の学問の禁止（異学の禁）（1790）	儒教の朱子学を幕府公認の正学として、その他の異学を学ぶことを禁じ思想統制を行い、幕府組織の強化を図った。
		棄捐令（1789）	借金に苦しむ旗本や御家人に対して武士としての誇りを保ち、本来の立場に相応しい暮らし方をさせるため、6年以上たった借金は破棄できるというものだったが、この政策後、商人がこれに懲りて武士に金を貸さなくなったため、武士達はかえって困窮を強いられる結果となった。
		囲い米の制（1789）	天明の大飢饉を教訓とし、平素から各村や町ごとに穀物を蓄え、飢饉や災害などの非常時に備える体制を整備した。
		旧里帰農令（1790）	田沼時代、江戸の町に流入した人々に定職のない者には帰村を奨励し、帰農者には旅費が支給され 農業のための資金を与えるなど、無職者を無くし治安の維持を図ると共に、過疎となっていた農村に活力を与えるための政策を実施した。
			『白河の清きに魚のすみかねてもとの濁りの田沼こひしき』成長経済の後の緊縮財政、厳しい倹約政策に庶民は狂歌に託して憂さを晴らした。
天保の改革（1841～1843）	水野忠邦（老中）	株仲間の解散（1841）	物価を下げるために株仲間を解散し、その特権を奪ったが、かえって流通の統制が乱れて効果は上がらなかった。
		上知（あげち）令（1843）	江戸・大坂近辺の大名・旗本領を直轄地にしようとした。大名や旗本などの猛反対により失敗に終わった。
		人返しの法（1843）	天保の飢饉で荒廃した農村復興のために、都市に流れ込んだ人々を強制的に帰村させる。

http://www2u.biglobe.ne.jp/~itou/kaikaku.htm などのサイトをもとに作成

お坊ちゃんが、先祖代々、家を支えてきた家来たちを解雇するというのは、かなり顰蹙《ひんしゅく》を買いますよね。

それでもやるべきことはやらねばならない。ただ彼は**リストラは最小限に抑え、その代わり自身の生活も含めた大倹約を行ない、さらに「サイドビジネスを推奨する」という大胆なアイデアを実行しました。**

つまり、時間をもてあましている武士たちやその家族に、漆《うるし》をとったり、和紙を漉《す》いたり、蚕《かいこ》から生糸を生産したりという、名産品開発を始めさせたわけです。いまでいう自治体による新規事業の立ち上げですが、反対に遭いながらも鷹山はこうした改革を断行します。

一方で飢饉に対する福祉制度を定めるだけでなく、潰れていた学校を再建し、庶民の教育水準を高めることにも努めました。こうした広い視野からの改革が功を奏し、米沢藩は彼の治世で黒字回復を成し遂げたそうです。

ほかにも1808年にオランダ船を偽って長崎に侵入したイギリス船、フェートン号が港内を脅かした事件をきっかけに、急速な財政立て直しを行ない、軍学校などを創設し近代化を進めた鍋島家の佐賀藩は、改革の大成功例です。

26 仕事の原点「三方良し」の営業術
……現代ビジネスの基盤になった「商人道」

「武士」の思想と大塩平八郎の乱

「武士は食わねど高楊枝《たかようじ》」という言葉があります。

武士たるもの、どんなに貧しくても、誇りは高く持っていなければならない。だから満足に食事ができなくても、まるで腹がいっぱいであるかのように楊枝をくわえてみせるのだ……ということですね。

『武士の家計簿』（磯田道史著、新潮新書）という映画にもなったベストセラーがありますが、ここでは現代に換算して700万円という収入を得ながら、借金でほとんど首がまわらない中級武士の生活を紹介しています。

なぜそんなに借金がかさむかといえば、ほとんど親戚や同僚を接待するのに使う交際費。「体面が何より大事」という武士のあり方が想像できるでしょう。

体面が大切になるのも、この時代の武士の状況を考えれば想像できるかもしれません。社会のエリートとして刀をぶらさげながら、国のために、あるいは民のために、戦うということはほとんどない。それでも武士としての名誉を守りたいなら、体面だけはなんとしてでも「頼れる存在」であり続けなければならないのです。

そこで江戸時代、幕府は「朱子学」という学問を必須の学問として、武士たるものの基本理念にしようとします。これは、仁（人に対する思いやり）、義（正義感）、礼（しきたり）などを重んじる儒教の一派で、幕府の支配にとっても都合がいいと考えられました。

確かに武士は主君に対する「忠義」を重んじましたし、それが赤穂浪士の事件にもつながります。しかし儒教はそもそも「悪政を行なう王は倒されるべき」という考え方を持っているくらいで、正義は必ずしも「お上に従う」ということでなく、主君が間違っている場合は命をかけてでもその行ないを正さなければならないというのが、本来の武士の「名誉」だったわけです。

幕末の1837年には、大坂《おおざか》（現在の大阪府）で幕府の圧政に抗議した反乱が起こります。首謀者の大塩平八郎は、町奉行の与力を務めたエリートであり、儒学者でもありました。幕府が悪政を続ければ、「武士が君主にするべきは将軍でなく天皇である」という思想が出てくるのも、もはや当然の流れでした。

いまなおビジネスに通ずる「商売道」

いずれにしろ、貧乏であっても、役割がいまいちハッキリしなくても、武士には気高い理想が求められた。これが「武士道」と呼ばれるものになっていくのですが、それは武士の世界だけのことではありません。

新渡戸稲造は『武士道』で、「武士道の倫理体系は、最初に武士階級に光を当て、そこからしだいに一般大衆のなかに従うものを出していった」と書いています。

じつは「士農工商」の身分制度が確立していた江戸時代でも、**後期になってくると経理知識が必要になったり、あるいは測量を行なう必要があったりと、職人や商人卒の人間が活用されることはあったのです。**そのなかから武士の一員として重んじられる者は出てきていました。江戸時代は、私たちが思うより、仕事の自由が得られる時代だったのです。

そんななかで理想とは別にいた商人や職人、農民のなかからも、職業理念を確立する者が出てきます。とくに身分的には下層だった商人階級が経済的な成功者になると、自身の価値を再定義する「商人道」のようなものが生まれてきます。

その筆頭にいたのが京都の石田梅岩《ばいがん》という人物で、農民から商売の道を志し、やがて引退すると学問を学び、やがて商人向けに「石門《せきもん》心学」という商売論を教え始めました。

・仁……お客さんの気持ちを思い、喜んでもらうよう努力すること
・義……嘘や偽りのない、正直な商売をやっていくこと
・礼……どのようなお客さんであれ、相手を尊敬する気持ちを持つこと
・智……商売に創意工夫をして、絶えず改善していくこと

これは現在のビジネスでも、十分に「成功の秘訣」として通用するでしょう。

石田梅岩は、大火災や水害があったとき、すぐに商人の弟子たちを集め、米の炊き出しなどのボランティアを行なったといいます。この方針は、江戸の豪商となった越後屋（いまの三越）や大丸にも受け継がれました。

また、やはり商売に成功した**近江の商人たちが重んじたのは、「売り手よし、買い手よし、世間（世の中、社会）よし」という「三方良し」の理念。**顧客満足に徹する一方で、彼らは貧困の撲滅や道路や橋など、社会インフラの寄進《きしん》にも努めました。

その近江商人から出たのが、いまの高島屋、伊藤忠、武田薬品、日本生命などの企業。江戸時代の商売道は、まさしく現代にもつながっているのです。

27 世界に轟《とどろ》く画家・葛飾北斎に学べ
……持つべきは仕事に対する「誇り」である

浮世絵画家・葛飾北斎の考え方

世の中に対して自分が担っている仕事に大義を持ち、命を賭けてでも、その使命をまっとうする……これはいまなお私たちが理想としている、日本人の仕事意識の根底にあるものと思います。

そのなかには画家や作家、あるいは歌人といった文化人も含まれています。

芸術にせよ、文学にせよ、文化的なものはほとんど貴族や大名など、支配階級たちが独占していました。しかし江戸時代の長い平和は、庶民がある程度の経済的余裕を持ち、歌舞伎などの興行を観に行ったり、出版物などを購入することを可能にします。これは音楽やオペラ、絵画や文学の普及が、つねに王宮発だった西洋の近代とは真逆でしょう。

そんななかで、レオナルド・ダ・ヴィンチと並んで〝誰もが知っている〟という有名な画家が日本で生まれます。日本人はあまり意識していませんが、18世紀から19世紀にかけて生きた、浮世絵画家の葛飾北斎。どうしてそこまで有名かといえば、彼の版画は世界に紹介されているからで、ゴッホなど数多くの画家に影響を与えています。

その北斎は、貧しい農民の生まれ。お金に無頓着《むとんちゃく》だったせいもあるのですが、生涯、経済的には苦労していたといいます。

彼の信条はまさに武士的でした。

「餓死しても絵の仕事はやり通してみせる」というくらい一途に制作にのめり込み、生涯で3万点を超える大量の作品を残します。1年に300点を描いても、10年で3000点にしかなりませんから、その数がいかに途方もない数かがわかるでしょう。

それでいて絵がまったく売れないとき、外国人から「半値で買う」という取引を持ちかけられても、「半値にすると、日本人全体がそういう取引をすると思われる」と、断固として突っぱねたとか。

北斎で有名なのは何といっても富士山の絵ですが、これも「70歳になって、やっとまともな絵が描けるようになった」という一定の感触をつかんでから、怒濤《どとう》のように描き出したようです。その結果、『富嶽《ふがく》三十六景』が完成しました。

自分の仕事に命を賭けるくらい、誇りを持ち、それに邁進《まいしん》する。まさに江戸時代という、武士的な理念が庶民に浸透していった時代だからこそ、北斎のような天才が生まれたわけです。

松尾芭蕉と日本人の仕事意識

もう1人、自身の仕事に誇りをもって邁進した江戸時代の文化人を紹介すると、俳人の松尾芭蕉《ばしょう》が挙げられます。

松尾芭蕉は、まさに江戸期になって農民に転落した武士の出といわれます。それが使用人のような形で仕えた武家の屋敷で、偶然に俳諧《はいかい》を知ります。これは当時、和歌をより庶民的にしたものとして発展してきたものでした。

しかし歴史的には、芭蕉が「俳聖《はいせい》」と呼ばれるようになってやっと普及した俳句です。彼が詩作を始めた当時では、それで生活を賄《まかな》える収入にはなりません。

さらに『奥の細道』に代表されるように、彼は歌をつくるために、旅から旅へという日常を続けるわけです。経済状況はかなりキツいものでした。

仕事を続けるために、かの松尾芭蕉が、じつは土木工事のバイトまでしていたといいます。江戸の深川につくった「芭蕉庵」も、門人の家の敷地内にあった掘っ立て小屋を改造したものでした。

いずれにしろ状況に負けない不屈の精神と、弟子たちが一生懸命に支えた結果、松尾芭蕉の仕事は大成したのでしょう。「旅に病んで 夢は枯野を かけめぐる」と人生最後の句を詠んだときには、大勢の弟子たちに囲まれていたそうです。

この松尾芭蕉が大成した俳句も、やがて世界に紹介され、「世界で最も短い字数による定型詩」として絶賛されました。

「Old pond / Frogs jumped in / Sound of water.」

これは「古池や蛙飛び込む水の音」の英訳。それで情緒が伝わるかどうかは難しいと思いますが、明治時代に日本にやってきたギリシャ系イギリス人の作家、ラフカディオ・ハーンによるものです。彼が日本の文化に憧れ、日本国籍を取得し、「小泉八雲《こいずみやくも》」を名乗って多くの作品を残したことはご存じのとおりです。

このように世界に影響を与えた、江戸時代の文化人たち。その背景には、苦境に負けず自分の仕事に誇りを持ち続ける武士道的な精神があったわけです。それは確実に、現代の私たちにも引き継がれているものでしょう。

28 世界が見た「豊かな庶民の住む国」日本

……類のない町人文化が誕生した背景

「豊かな江戸時代」の秘密

江戸時代というのは、決してすべての人が平等だった社会ではありません。たとえば江戸の町を考えた場合、その7割は庭園などを含めた武家の屋敷だったといわれます。そして残りの1・5割は神社や仏閣《ぶっかく》、残りの1・5割に人口の半数以上を占める庶民が住んでいたわけです。その多くは「長屋住まい」という形でした（北原進著『百万都市 江戸の生活』角川ソフィア文庫）。

ですから江戸庶民の経済レベルは、お世辞にも高いとはいえません。実際、1700年頃の1人当たりGDPを比較すると、イギリスが日本の2倍、ドイツ・フランスが1・5倍になっています（2010年、Angus Madison 調べ）。

にもかかわらず、幕末に日本に訪れた外国人の証言を聞くと、多くの人は「日本は豊かな国である」と述べているのです。

たとえば1856年に来日した米国大使ハリスは、到着した伊豆下田の様子を見て、すでに、こう書いています。

「世界のいかなる地方においても、労働者の社会で、下田におけるよりもよい生活を送っているところはあるまい」

彼はその後も、「容貌に窮乏《きゅうぼう》をあらわしている人間を見ない」と書いていますが、田舎の港だった下田でさえ、彼には豊かに見えたわけです。

どうして世界的には貧しかったはずの日本の庶民が、豊かに見えるのか？

まず日本というのは、たびたび「倹約令」が出ていたように、大名から農民まで質素な生活を心がけていました。もちろん例外はあったでしょうが、欧米のように経済活動が富裕層に集中することがありません。相対的にＧＤＰが世界から低く見えても、じつは庶民の消費は活発だったわけです。

だから江戸を見れば、町民が演劇を鑑賞し、書物を読み、衣服やらかんざしやら食器やらを、ズラリと軒を並べた専門店で買い、帰りに寿司や蕎麦《そば》を食べて帰るようなことが普通にあった。さらには箱根の湯治《とうじ》やお伊勢参りだといって、庶民が旅行にまで出かけてい

◉ 1人当たりGDPの歴史的推移

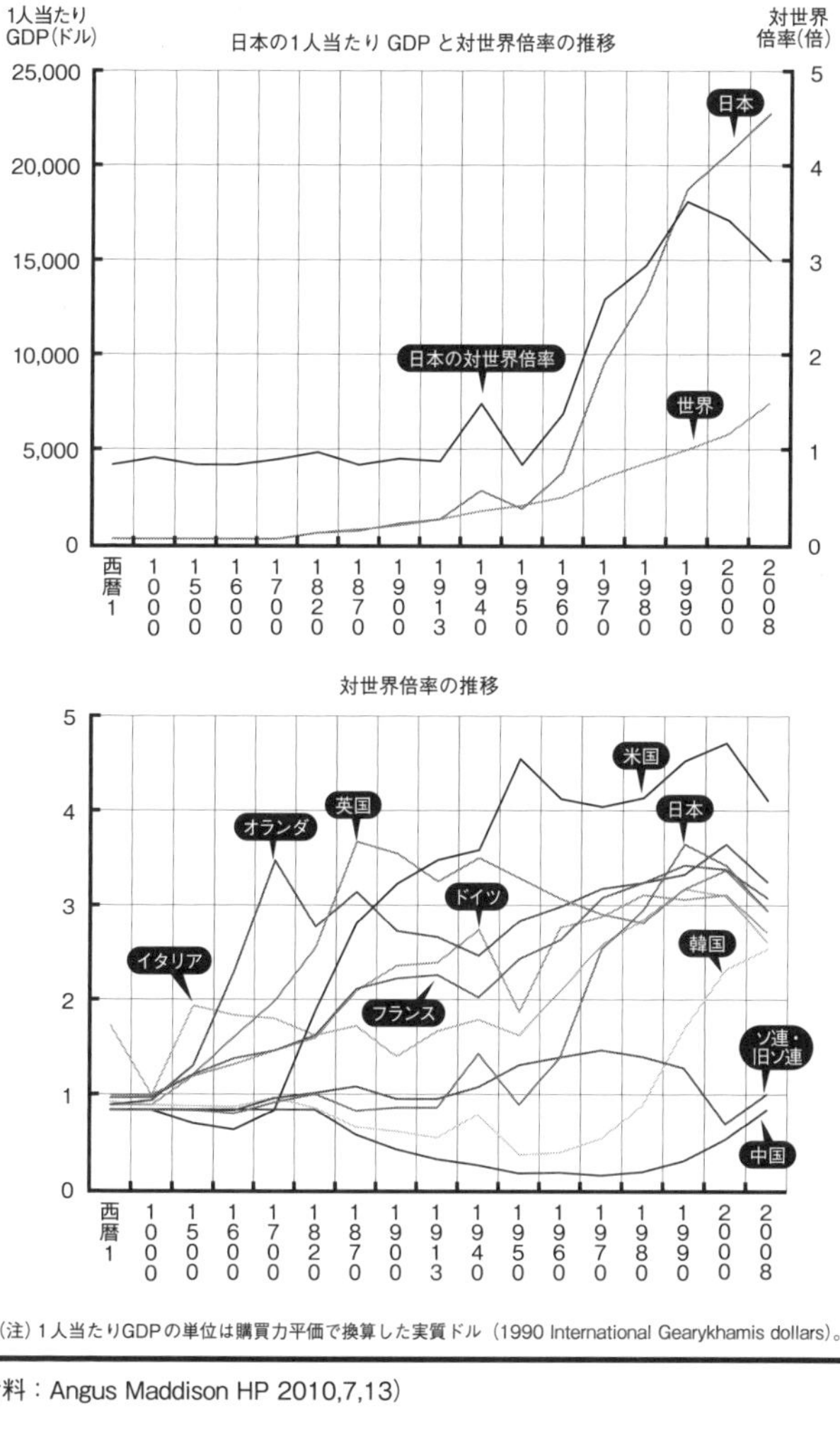

（注）1人当たりGDPの単位は購買力平価で換算した実質ドル（1990 International Gearykhamis dollars）。

（資料：Angus Maddison HP 2010,7,13）

たのです。これは同時代の欧米では考えられなかったことでしょう。

そして消費の余裕があったのも、菜種油や炭などの自然エネルギーを生かし、服はリサイクル、さらに肥料も自身の排泄物を使う……と、ムダな出費を省いた非常に効率的な生活をしていたことも理由にあります。

もちろん、藩によっては重税を農民たちにかけたところもあったでしょう。ただ多くの藩では**エコに徹底し、時間的にも余裕があり、そこにあるもので人生を楽しむようなスローライフが江戸時代には生まれていたのです。**

■ 江戸庶民たちの仕事術

特筆すべきことは、江戸時代のリーダーたちも庶民のレベルアップには熱心だったということです。

江戸の子どもたちの教育といえば、まず思いつくのは「寺子屋」ですが、その数は全国で1万6000以上。江戸だけでも1000を超えていたといわれます。現在の小学校が全国で2万2000といいますから、学校数ではすでに現代の先進国並みかもしれません。

有名な二宮尊徳《にのみやそんとく》は、小田原藩の農家に生まれながら、農業経営を極め、諸藩のコンサルタントのような立場で活躍した人物です。薪《まき》を背負いながら本を読んだだけでなく、庶民が学問を学べる環境がなければ、そんな立身出世も不可能だったでしょう。

1670年に岡山藩では、藩主・池田光政《みつまさ》が「閑谷《しずたに》学校」を創設しますが、これは武士だけでなく庶民も学べる、完全なリーダー養成学校でした。古くから存在するヨーロッパの大学も生徒はほとんど上流階級ですから、その試みは世界でも稀《まれ》かもしれません。

けれども、**庶民が実際に働く場ではどうだったのでしょう?**

じつは先にも紹介した『逝きし世の面影』では、日本の町人や職人たちの働き方について、多くの外国人が「自由」「自主的」「民主的」と述べている言葉を紹介しています。

「使用人は自分の主人の人となりとその利害を、当人以上によく知っており、主人が無知であったり誤った情報を与えられている場合には、彼自身の知識にたよって事を運ばねばならない」

明治時代に来日し、日本文化を欧米に紹介した米国のアリス・ベーコンの言葉です。

上下関係が絶対の武士であっても、じつは「押込《おしこめ》」といって、理不尽な決定をくだす殿様を、家臣が強制的に監禁できる制度が確立していました。同じように身分が下の立場でも、仕える者は自分の頭で考え、上に物申したり、可能な範囲で自己判断することが要求されていた……ということなのです。

むしろそういう人だから、上流階級に重く用いられることも可能だったのでしょう。

そう考えると、「自分の頭で考えず、ただ指示を待っている人間」などは近代の産物。日本のビジネスパーソンの伝統は、もっとクリエイティブなのです。

第 5 章

坂の上の雲の時代の「グローバル仕事術」

世界が恐れた日本人の精神とは?

知っておきたいこと

たった数年で なぜ日本が世界に追いついたのか？

司馬遼太郎の人気小説『坂の上の雲』。陸軍と海軍に属した秋山兄弟と歌人の正岡子規《まさおかしき》を中心に、日露戦争の頃の日本人を描いた物語です。

この小説がビジネスパーソンに人気なのは、まさに「坂の上にかかる雲」のような存在だった欧米諸国に向かって懸命に追いつこうとする、日本人の気概《きがい》を描き出しているからでしょう。技術革新を経て圧倒的な力をもって世界を支配していた列強国に対し、日本は恐れることなく立ち向かいました。そして、とうとう大国ロシアを打ち負かす国にまでのし上がったのです。

江戸幕府が倒れ、明治という価値観を180度変えた国に生まれ変わってから、その間たった36年。

それだけの期間で、欧米から見れば日本は、「サムライが支配する禁断のワンダーランド」から「アジアでたった1つの文明国」に生まれ変わったのです。当時の世界が驚いたのも無理はありません。

その背景には、本気で「坂の上の雲」に手が届くと信じ、命を賭けて邁進してきた日本人の強さがありました。とくに先頭に立って幕末から明治への流れをつくった人物たち、吉田松陰《しょういん》、坂本龍馬、高杉晋作、木戸孝允《たかよし》、西郷隆盛、勝海舟、伊藤博文、福沢諭吉、板垣退助《いたがきたいすけ》、渋沢栄一……などといった英雄たちに、現在でも人気が集まるのは当然のことだと思います。

ただ忘れてならないのは、こうした日本の近代化を命がけで成し遂げた人物たちのメンタルの根源には、それまでの日本の歴史によって蓄積されてきた、武士道を中心としたものの考え方があったということです。

だから彼らは、命がけで「西洋に並ぶ国、日本」という理念に向かって突き進むことができた。これは名もない庶民や労働者たちでも同じだったでしょう。

しかし明治時代に「日本が近代化した」ということは、同時に〝江戸までの歴史がつくった古き価値観を捨て去った〟ということでもあります。

まだ伝統的な価値観の残る日露戦争の頃なら、日本は長い歴史によってはぐくまれた潜在的なパワーを発揮できた。でも、そのあとになってくるとどうでしょうか?

この延長に、私たちが立っている現在があることを忘れてはいけません。

29 黒船が来た日〜そのときの世界を正しく理解する

……強国はなぜ、日本という国を欲しがったのか？

■なぜアメリカの黒船は日本にやってきたのか？

「泰平の眠りを覚ます上喜撰《じょうきせん》　たった4杯で夜も眠れず」

教科書で習ったこの狂歌。1853年に浦賀沖に現れたアメリカの黒船4隻《せき》です。

「上喜撰」というのは当時市販されていたお茶のブランドだそうですが、これを飲んで眠れなくなるのと、見たこともない「蒸気船」の来航で眠れないくらいの大騒ぎになっている様子をかけたわけです。ただし4隻のうち2隻は普通の帆船だったのですが……。

とにかく江戸の日本人たちは、武士たちも町人も皆慌《あわ》てふためいたわけです。

「インデペンデンス・デイ」という突然、宇宙人の巨大円盤がやってくる映画がありましたが、感覚はそんな状態だったかもしれません。誰もどう対応していいかわからず、結局、船団を率いていたペリー提督《ていとく》の要求のままに、日本は開国に向けて一気に進むわけです。

ただ知っておかなければならないのは、この状況は明らかに「予測できたこと」だったということ。幕府はオランダからアメリカ艦隊の情報をすでに得ていたといいますし、じつは16年前には、平和的に通商を求めてやってきたアメリカの商船「モリソン号」を、いきなり砲撃して追い返しています。

ですから次のアプローチがあるのは当然で、こんどは威圧《いあつ》的になることだって想像できる。完全に江戸幕府のほうは、思考停止状態になっていたわけです。

そもそもアメリカ合衆国は、なぜ日本に開国をしてもらいたかったのでしょう?

意外に思う人もいるでしょうが、**征服して植民地にしたいとか、大量にモノを売りつけたいと思っていたわけではありません。**じつは「捕鯨《ほげい》基地が欲しかった」というのが、一番の理由だったのです。

いまでは考えられませんが、メルビルの長編小説『白鯨《はくげい》』に象徴されるように、当時のアメリカ人にとってクジラは貴重な食資源。すでに沖縄や小笠原諸島を彼らは調査し、ここにクジラが大量にいることを突きとめていました。けれどもアメリカから来るのでは遠いから、日本の港で補給できることを期待していました。

アメリカから黒船がやってくる50年以上前には、じつはロシアのラクスマンやレザノフといった人々が、日本に通商を求めて来ています。彼らが得たかったのは極寒のシベリアで不足する食料で、みんな意外と必需品を求める平和的な外交をしているのです。

■交渉上手のペリーに対し幕府に欠けていたもの

当時、お隣の中国を見れば、イギリスがアヘンを大量に売りつけ、それを拒否するやいなや武力で植民地化するような不当なことをしていました（1840年、アヘン戦争）。

同じような手段で、イギリスやフランスは、アフリカ、中東、インド、東南アジアと世界中に支配領域を広げていきます。これがヨーロッパの帝国主義で、日本は巻き込まれたくなかったでしょうが、実際はその一員であるオランダと独占貿易をしていたわけです。

他国から見れば、日本は別に孤立していた国ではない。ただオランダが専売契約をとっているだけで、日本から産出する銀が、世界の相場を動かしていたくらいです。

だからアメリカやロシアが食料を求めてきたのは、意外な話ではなく、むしろ友好的な相手だったくらい。彼らの目先には中国があったかもしれませんが、日本はもっとこの2国を利用できるはずでした。

それがどうしてできなかったのかといえば、長く続いた江戸時代の平和のせいでしょう。

江戸幕府は「敵対する相手と渡り合うには戦略が必要だ」という当たり前の思考すら失っていました。放っておけば何とかなっていたことに慣れすぎてしまっていたのです。**日本に来たペリー提督は、未知の相手だった日本をよく研究していました。**オランダから情報を集め、希少な文献を読み、日本の武士の考え方を学んでいた。戦国時代には常識だったはずの、「彼を知り己を知れば百戦して殆《あや》うからず」という孫子の兵法を、米国人ながら実践していたわけです。

だから、「もし交戦になったら、この旗を掲げてくれれば降伏とみなす」と白旗をあずけ、自信たっぷりに振る舞う。そして「将軍に会わせよ」という強い態度で、自分は絶対に姿を見せない。いざ姿を見せたと思ったら、黒人奴隷を脇に従えて、強さを威圧的にアピールしました。大砲も実際に打ち、本気であることを見せつけます。

一方で幕府はといえば、将軍の家慶《いえよし》は病気だからと、出てこない。副将軍、水戸にいた徳川斉昭《なりあきら》は、「早く追い返せ」の一点張り。皆が責任放棄するなか、仕方なく対応を迫られた老中・阿部正弘は、もはや彼らの言いなりになるしか方法がなかったわけです。

そののち日本は日米和親条約をアメリカと、次いでイギリス、ロシアなどと次々と港を開く条約を結んでいきました。

30 吉田松陰と高杉晋作

……思いの強さが歴史を動かす

■30歳で死んだ道半ばの学者がなぜ尊ばれるのか？

ペリーの艦隊が浦賀に現れたとき、多くの見物人に交じって、高台から凝視する20代の若き軍学者がいました。

「アメリカを見なければならない！」と決心した彼は、翌年にペリー艦隊が再びやってきたとき、つかまって死罪になる可能性も覚悟で、黒船に乗り込みます。30年の短い生涯ながら、後に続く多くの改革者を動かし、歴史を変えた人物、吉田松陰です。

「あなた方の親切と寛大な気質を確かめたいという、かねての思いがふたたび燃え上がりました」（津本陽著『吉田松陰』角川学芸出版）という直談判の手紙は、ペリー提督まで感心させますが、彼らは幕府と盟約を交わした身。船を下ろされ、牢獄に入れられます。

この監獄で、松陰が囚人たちに講義をしたのは有名な話。最後には看守まで話を聞きにきたといいますが、やがて彼は故郷の長州、萩に戻され、「松下村塾《しょうかそんじゅく》」を開きます。そして門下生となったのが、高杉晋作、久坂玄瑞《くさかげんずい》、品川弥二郎、伊藤博文、山県有朋《やまがたありとも》……といった明治維新の原動力となった長州藩の志士たちだったわけです。

松陰といえば、幕末を代表する思想家……ですが、その思想は必ずしも一貫したものではありません。ただ彼のベースには陽明学の「知行合一《ちこうごういつ》」、すなわち「どんな知識を得ても、実行に移さなければ意味がない」という考え方がありました。

松下村塾があった山口県は、毛利氏が支配していた藩。関ヶ原の戦いで徳川氏に破れて以来、長く幕府への恨みを持っていた藩です。そんな土壌で国史を学んだ松陰は、やがて「我々が従うのは将軍でなく、天皇であるべきだ」という結論に達します。

同時に洋学に精通した軍学者、佐久間象山《しょうざん》に師事したことで、彼は「欧米諸国をいまのうちに追い返さないと、やがて日本は支配されることになる」と危機感を持つ……。

これが「諸外国を打ち破って天皇を主権とした国をつくる＝尊王攘夷《そんのうじょうい》」という発想ですが、ときは幕府で実権を握った大老《たいろう》・井伊直弼《なおすけ》が米国のハリス大使と、日米修好通商条約を締結しようとしているとき。

そこで「実行に移さなければ意味がない」という信念をもった人物なら、どうするか？

「日本の将来のために、幕府の要人たちを暗殺しなければならない！」

結果、彼はテロの首謀者として「安政《あんせい》の大獄《たいごく》」（１８５８〜９）と呼ばれる粛清《しゅくせい》の対象となり、処刑されることになってしまうわけです。

松陰が長州に遺していったもの

捕まった彼は、聞かれもしなかった暗殺計画を隠すこともなく打ち明けたとのこと。

不器用ですが、「間違ったことなど何もしていない」という純粋な思いがそこにはあった。だからこそ松陰の弟子たちは、師の思いの実現のため、倒幕に向けて動き出します。

「継承してくれる人がいる限り、その種は先々まで絶えることなく生き続け、年を経ても、また立派に花を咲かせ、見事な稲穂を実らせるはずである」

松陰が弟子たちに残した遺書、『留魂録《りゅうこんろく》』（城島明彦現代語訳、致知出版社）の言葉です。

そんな松陰の遺志を継いだ1人に、維新のヒーローの1人でもある、高杉晋作がいます。

このやることなすこと無茶苦茶な〝不良青年〟を、どうして松陰がヒーローに育てられたのか？

松陰の教育法というのは、それぞれの生徒に合わせて教えることも決める、個性重視型。

生徒と先生はほとんど友だちのように接しますが、**それでも褒めて伸ばすことを忘れず、さらにプライドの高かった晋作には、久坂玄瑞をライバルにして競い学ばせます。**松陰に会わなかったら、彼は単なる殺し屋になっていたかもしれません。

松陰の死後、安政の大獄の首謀者だった井伊直弼は「桜田門外の変《さくらだもんがい》」（1860）で、水戸藩の浪士に暗殺されます。これ以後、幕府は志士に対する粛清を強化し、江戸で桂小五郎ら長州藩や土佐藩の志士が幕府側の新撰組に襲撃された「池田屋事件」（1864）、続いて京都へ向けて久坂玄端らがやむなく挙兵して討たれた「禁門《きんもん》の変（蛤御門《はまぐりごもん》の変）」と、幕府と長州藩の対立はいよいよ深まっていきます。

一方で長州藩は欧米諸国との対立姿勢を強く打ち出し、下関《しものせき》を通る外国船を無差別に砲撃（下関戦争）。結局、イギリス・フランス・オランダ・アメリカの連合軍に砲弾を奪われボコボコにされるわけですが、ここで高杉晋作は西洋式の「奇兵隊」を創設。やがてこれが幕府による「長州征伐」へとつながっていきます。

さすがに長州藩の上層部も、「もう、大人しくしようよ」となるのですが、高杉はここで松陰の理念を忘れず、伊藤博文ら数人だけを連れて藩内でクーデターまで起こす。まさに決死の覚悟だったわけですが、こうした思いの強さが歴史を動かしたのです。

31 坂本龍馬がスゴいのはなぜか？

……本当の目的達成に向かって人を動かす力

■坂本龍馬が登場したという奇跡！

①政権を朝廷に戻し、政令はすべて朝廷から出るようにすること
②上院と下院をつくり、議員による会議で政策を決定すること
③優秀な公卿《くぎょう》や大名など天下の人材を顧問にし、名ばかりの官吏《かんり》は排除すること
④諸外国との不公正な条約を是正すること
⑤古くからの日本の法を統合し、新しい憲法をつくること
⑥海軍を拡張すること
⑦御親兵を設置して、帝都を防衛すること
⑧外国取引における金銀物価の為替レートを公正にすること

開国を受け入れた日本が、これから何をするべきか？　簡潔にこれだけ見事に凝縮されていると、もはや説明不要にも思えてしまいますが、これが１８６７年に起草された「船《せん》

中八策《ちゅうはっさく》」。もちろん、まとめたのは坂本龍馬です。

土佐の脱藩浪人という身で、幕府側の勝海舟、薩摩藩の西郷隆盛、長州藩の桂小五郎（木戸孝允）、土佐藩の後藤象二郎といった時代のキーマンの心を動かし、皆を日本の改革に向けて結びつけていきます。

それでいて、「君も新政府の中心メンバーになってくれ」と勧誘されると、「自分はそんなものに興味がない。世界の海援隊《かいえんたい》をやるからいいんだ」と一蹴する。**この「海援隊」は商社であり海運業者であるという、日本最初の株式会社といえるような組織です。**

「狭い日本の運営に明け暮れるより、世界各国を相手にビジネスでわたり合ったほうがよっぽど面白い」ということなのでしょうが、この開国後の混乱した時代を、むしろチャンスととらえていたわけです。

なぜ敵対していた薩摩や長州が手を結ぶことになったのか？

それにしても坂本龍馬は、どうして敵対していた勢力同士を結びつけることができたのでしょう？

明治維新といえば、薩摩や長州といった尊王攘夷を掲げる藩が、幕府という旧体制を打ち破った革命のようにとらえられます。しかし実際はそう単純ではありません。

そもそも薩摩藩といえば、13代将軍・家定《いえさだ》に篤姫《あつひめ》を輿入れさせるほど、幕府と近い立場にあった藩。事実上の藩主であった島津久光《ひさみつ》は、早くして死去した家定、病弱な家茂《いえもち》に代わって政務を務める、のちの15代将軍・一橋慶喜《ひとつばしよしのぶ》を補佐する立場にあった人物です。

ですから前項で紹介した、長州藩の吉田松陰の後継者たちが暴れ出したときも、幕府方の会津藩と組んで、これを鎮圧することに努めています。

よって長州と薩摩は、お互いに大キライ同士だった……。

実際、薩長同盟を結ぶときも、薩摩藩邸で西郷隆盛が桂小五郎を接待しながら、龍馬がお互いを叱りつけるまで、口を開こうとしなかったといいます。

それでも手を組んだのは、「日本をよくするため」という大目的のため。じつは「尊王攘夷」や「倒幕」というのはスローガンに過ぎませんでした。

まず第一に、不平等な海外との条約を破棄する必要がありました。じつは鎖国をしていた影響で、日本はかなり乱暴な為替ルートを受け入れてしまったのです。結果、国内から金が持ち出され、極度なインフレが幕末から明治にかけて起こっていた……。

佐々木克さんの『幕末史』(ちくま新書)によると、「攘夷」という言葉は必ずしも外国人を追い返すことでなく、不平等な取引を解消することでも使われていたとのこと。下関戦争で破れた長州はもちろん、大名行列の前を通りかかったイギリス人を成敗《せいばい》したこと（生麦事件）に端を発する薩英《さつえい》戦争（1863）でコテンパンにやられた薩摩も、再び鎖国に戻すようなことはムリと考えていました。

第二は、日本で内乱を引き起こすのは、欧米諸国にとって都合がいいだけだということ。そもそも女真族《じょしんぞく》が中国を征服した結果生まれた清国も、末期には国内で漢民族による反乱が相次ぎ、国力が弱まったことで、他国による侵略を余儀なくされました。

第三には、事態の改善を幕府や朝廷に任せても、うまくいきそうにない……ということ。

これをよくわかっていたのは、将軍慶喜に仕える身でありながら、坂本龍馬の師匠でもあった勝海舟で、彼らは大目的が達成されるなら、幕府がなくなるのも止《や》むなしと考えていたわけです。勝も、龍馬も、それどころかじつは薩長ら倒幕を掲げる藩も、当初は将軍家を新政府の一員にしてもいいとすら考えていました。

彼らのような本質を見抜く人物がいたからこそ、江戸城の無血開城は実現したのです。

◎幕末から明治維新にかけて起こったこと

1853	6月	ペリーの黒船、浦賀に来航
	7月	ロシア、プチャーチン、長崎に来航
	10月	徳川家定、13代将軍に就任
1854	1月	ペリー、再来航
	3月	日米和親条約締結
	8月	日英和親条約締結
	12月	日露和親条約締結
1855	10月	長崎海軍伝習所が開校
	12月	日蘭和親条約締結
1856	7月	ハリス、初代アメリカ総領事に就任
1858	4月	井伊直弼、大老に就任
	6月	日米修好通商条約調印(オランダ、ロシア、イギリス、フランスも同様)
	9月	「安政の大獄」が開始
	10月	14代将軍に徳川家茂就任
1859	6月	長崎、函館、横浜の3港を開港
	10月	吉田松陰、江戸にて処刑
1860	1月	咸臨丸、アメリカへ出港
	3月	桜田門外の変、井伊直弼暗殺
1862	4月	薩摩藩の島津久光、幕政改革案を朝廷に提出。寺田屋事件、 尊皇派薩摩藩士が粛正される
	8月	生麦事件、薩摩藩が大名行列を横切ったイギリス人を殺害
	12月	高杉晋作、イギリス公使館を焼き打ち
1863	3月	将軍・家茂、229年ぶりに上洛
	5月	長州藩、下関通航中の外国船を砲撃
	6月	高杉晋作、奇兵隊を組織
	7月	薩英戦争勃発
	8月	薩摩藩と会津藩で、長州藩を京から追放
1864	6月	池田屋事件、新撰組による長州・土佐の志士の襲撃
	7月	蛤御(禁門)の変、京都で長州藩と幕府軍の衝突、 第一次長州征伐
	8月	下関戦争、四国艦隊に長州が降伏
1865	6月	坂本龍馬　長崎で亀山山中を結成
1866	1月	薩長同盟成立
	6月	第二次長州征伐
	12月	徳川慶喜、15代将軍に就任。孝明天皇崩御
1867	1月	明治天皇、皇位につく
	4月	高杉晋作、死去
	8月	「ええじゃないか騒動」発生
	10月	徳川慶喜、大政奉還の建白書を朝廷に提出
	11月	坂本龍馬、暗殺される
	12月	王政復古の大号令
1868	1月	鳥羽伏見の戦い、戊辰戦争の開始
	3月	西郷隆盛と勝海舟、会談。「五箇条の御誓文」
	4月	江戸城無血開城
	5月	上野彰義隊の戦い
	7月	江戸を東京と改称
	9月	会津藩など降伏、奥羽戦争終結
1869	3月	明治天皇、東京へ
	5月	函館五稜郭の戦い
	6月	版籍奉還
1871	7月	廃藩置県
	11月	岩倉使節団、欧米へ
1872	8月	学制公布
1873	1月	徴兵令公布
1874	1月	板垣退助ら、民選議員設立建白書を提出
	2月	佐賀の乱
	5月	台湾出兵
1876	3月	廃刀令公布
	10月	神風連の乱、秋月の乱、萩の乱
1877	2月	西南戦争勃発
	5月	木戸孝允、死去
	9月	西郷隆盛、自害。西南戦争終結
1878	5月	大久保利通、暗殺される

32 明治維新・日本が成し遂げた革命

……なぜ最後の最後で西郷隆盛は政府に反旗を翻《ひるがえ》したのか

■世界史でも稀に見る「平和な大革命」

1868年、15代将軍・徳川慶喜が江戸城を政府側に明け渡し、「将軍が辞退し、政権は天皇のもとに返還されました」という「王政復古の大号令」が発布されることにより、江戸時代は終了。同時に長く続いた武士の時代も終わりを告げたわけです。

江戸から明治、近世から近代、一体何がこれから変わったかといえば、次のようなものがあります。

① 将軍を廃止し、天皇のもとに置かれた国民の代表である議会が国を運営する
② 藩主の自治権を取り上げ、国土はすべて天皇が支配する県に分割して統治する……
廃藩置県(1871)
③ 国民はすべて平等になり、武士の特権も排除し、刀は禁止……解放令(1871)、
廃刀令(1876)

④　武士でなく、国民から徴兵した軍隊が日本を守る……徴兵令（１８７３）
⑤　金本位制による通貨を導入、同時にこれまで藩に貸していた借金は帳消し……新貨条例（１８７１）

さらに加えれば、「文明開化」の名のもとに、江戸の人々から見れば欧米風の背広を着た異様な集団が、新しいリーダーとして台頭するわけです。考えてみれば、不満や反発が起こらないわけがないとは思いませんか？

ところが日本は国家制度のみならず、文化や価値観にまでかかわるこの革命を、〝無血〟といわれるくらい、スムーズに実現しているのです。**イギリスの清教徒革命やフランス革命が〝国王の処刑〟で終わっていることを考えれば、世界史的にも稀なことかもしれません。**

これまでの日本史を考えても、戦国時代の戦いは相手リーダーの切腹で終わっていたのです。事実、徳川時代も豊臣秀頼の死をもって始まりました。

しかし薩摩藩や土佐藩にも将軍を殺す意図はなかったし、領地を没収するのにも異論があったくらいです。一方で大政奉還《たいせいほうかん》の前に鳥羽《とば》・伏見《ふしみ》の戦いが始まり、あわや政府ＶＳ幕府の決戦になるか……と思われたときも、天皇の錦《にしき》の旗が掲げられるやいなや、将軍・慶喜は早々に降伏してしまいます。

もともと慶喜は、若くして亡くなった将軍たちに代わって〝しぶしぶ〟将軍職を受け入れた立場。光圀以来、国史の研究に熱心だった水戸藩出身で、天皇家を尊重することを叩き込まれていました。そして将軍のブレーンには、誰よりも世界を客観的に分析していた勝海舟がついていたわけです。**「負ける」という潔い決断を速やかに実行したことは、歴史上に大きな功績を残しました。**彼は〝貴族〟として76歳まで生きています。

こうして武士の時代は終わりを告げた

しかし明治の革命は、決して〝無血〟だったわけではありません。

上野では将軍の警護をしていた彰義隊《しょうぎたい》が、新潟では長岡藩が、まだ少年に過ぎなかった白虎《びゃっこ》隊の悲劇が有名ですが、いちばん保守的だった会津藩が、そして函館の五稜郭《ごりょうかく》でと、武士たちによる反乱が続いていきます。その多くは近代兵器によって一掃されました。

確かに多くの藩主は一応は〝知事〟として身分を保証され、華族や士族といった旧武士の名誉階級も用意されました。しかし武士はもともと、〝武士たることに命を賭ける〟からこそ武士でいられたのです。自分たちの価値観そのものであった武士としての名誉を、簡単に捨てられるわけがなかったのです。

だから彼らは、普通の人として生きるよりは、機関銃に刀で立ち向かっていくことを望んだ。非合理な選択ですが、それこそが日本の歴史を動かしてきた理屈でした。

むろん、だからといって反乱を許すわけにいかない。でも、気持ちはよくわかる……そんな心情にあったのが、明治維新の立役者の1人、西郷隆盛だったのでしょう。

隆盛は、やがて薩摩からの盟友でもあった大久保利通《としみち》とも訣別《けつべつ》し、政府を離れることになるのですが、その理由は朝鮮半島に侵攻すべきという「征韓論」でした。

「やっと国が整った現在、対外戦争などしている場合ではない」ということで、これは却下されるのですが、西郷としては生きる場を失った武士たちに活躍の場を用意したかった（戦争の意図はなかったようですが）。実際、台湾への出兵は行なわれます。

それでも西郷隆盛は政府から離脱し、やがて薩摩の旧武士たちとともに西南戦争を起こすわけです。このときは関門海峡を渡る船すら用意していなかった……とのことですから、勝てるとは最初から思っていなかったのでしょう。ただ、**自らが終わらせた武士の時代に対し、最後は自らも武士として終焉《しゅうえん》を打ちたかった。1877年、彼の自害をもって、この最後といえる武士の反乱も終わります。**

33 日本は世界に「負けなかった」

……福沢諭吉と新渡戸稲造と岡倉天心

勝てないライバルに直面したとき、あなたは何をする?

明治政府をつくった人々が、とにかく最優先で行なったことは何でしょう? 国内の混乱を治めることでも、強い組織固めをすることでもありません。じつは「海外に学びに行く」ということだったのです。

なんせ政権は幕府から奪ったものの、近代政府がどういうものなのかを彼らは理解できていない。だったら教えてもらうしかないじゃないか! ……と廃藩置県《はいはんちけん》が実行された1871年に、岩倉具視《ともみ》、大久保利通、木戸孝允、伊藤博文といった政府の主要メンバーが、一斉に欧米諸国へ視察に行ってしまいます。

留守に残ったのは西郷隆盛だけ……ということで、好き勝手に人事を行なったことが対立を生むのですが、そうしたリスクを顧《かえり》みても、いまは真似すべきモデルを探すのが最優先と考えたわけです。

ちなみに内閣制度が誕生し、伊藤博文が初代の総理大臣になるのが1885年、大日本帝国憲法が発布されるのが1889年ですから、国の形をつくりあげるのはそう簡単なことではない。彼らはまず、「やるべきこと」を明らかにしなければならなかったのでしょう。

たとえば順調に仕事をしていたら、急にお客さんを根こそぎ持っていくようなライバルが現れた。彼らは大資本を持ち、聞いたこともなかったような技術や手法を持っている。どう考えても対抗しようがない……そんなとき、あなたならどうするでしょう？

撤退するか？　それとも何とかして相手の技術や手法を学び、彼らに追いつき、追い越すことを模索していくか？

欧米諸国と接触したときも、日本人は大きなカルチャーショックを受けたでしょう。しかし真っ先に相手の国に渡り、そのやり方を勉強して盗んでやろうとした人々がいたから、日本はあっという間に列強国に対抗できる国に変革できたのです。

その1人が明治時代になる前、勝海舟の船に乗ってアメリカに渡った福沢諭吉でした。

・武士の時代は終わり、人はすべて平等になったのだ
・だからどれだけ学んだかによって人生に差が出る時代になる
・人間として生まれたからには、学んで実のある仕事をし、永続的な成長を目指せ

福沢諭吉の『学問のすすめ』を要約すると右のような内容になりますが、この本は当時にあって300万部のベストセラーとなります。

この影響はすごいもので、1872年に日本は義務教育制度を導入しますが、30年くらいすると児童就学率が世界ナンバーワンになってしまいました。いきなり巨大なライバルに遭遇した日本人でしたが、決して負けてはいなかったのです。

堂々と日本人の優位を世界へ発信した人々

現在の日本は、明治時代に比べるとはるかにグローバル化した環境になっていますが、海外に渡って活躍しようとする若い人は逆に減っていると聞きます。

ところがはるかに外国が〝未知〟であった当時に、単身、言葉の通じない欧米に渡り、謙虚に学ぶどころでなく、日本人とは何者なのかを堂々と発信する人々がいました。

その代表として紹介したいのは、新渡戸稲造と岡倉天心です。

新渡戸稲造はもともと武家の生まれ。クラーク博士で知られる札幌農学校で農学を学び、同時にキリスト教に改宗して渡米しました。アメリカ人の奥さんももらっています。

そんなインテリにもかかわらず、刀を下げてきた野蛮な民族とみなされ、「倫理観や道徳観がないのか?」と疑問視された日本人。いや、**日本人にも伝統的な素晴らしい価値観があるのだ……と英文で発表したのが『武士道』です。**この本はいまなお〝世界で最も読まれる日本人が書いた本〟の1つとなり、当時のアメリカ大統領にまで影響を与えました。

新渡戸稲造はのち、国際連盟の事務次長にまでなり、国際問題の解決に奔走しています。もう1つの〝世界で最も読まれる日本人が書いた本〟が、美術家だった岡倉天心の『茶の本』です。こちらは〝茶道の本〟と誤解されがちですが、日本人の「和」の文化を世界に発信した本。やはりアメリカで出版され、ベストセラーになりました。

「もし、文明国と呼ばれるための条件が、身の毛もよだつ戦争による勝利によって与えられるものであるなら、私たちは喜んで『野蛮な国』のままでいましょう。私たちの国の芸術や理想に敬意が払われる日まで、日本人は喜んで待つつもりです」

帝国主義の時代、侵略戦争を繰り広げてきた世界に対し、堂々と日本の平和文化の優位を説いた天心の主張は、いまの私たちが誇れるものではないかと思います。しかしながら歴史は天心が望むとおりにならず、日本も戦争への道を突き進んでいくのです。

34 強国ロシアに日本が勝利するまで

……世界を驚かせた日本は〝必然〟だった

列強国に仲間入りするために「朝鮮半島を狙う」

19世紀から20世紀は、確実に戦争の時代でした。

むろんその前から戦争は各国であったのです。ただ19世紀後半から20世紀初めにかけては、産業革命を実現し、近代兵器を手に入れた欧米諸国が世界を取り合う「帝国主義」の時代。イギリスは中東からインドへ進出し、フランスやオランダは東南アジアへ、アフリカはヨーロッパ諸国が植民地を取り合うような状況、戦争を否定していたアメリカもフィリピンや中米に進出していきます。中国は清という国こそ残っていましたが、ヨーロッパ各国が利権を奪い合う状況でした。

明治の改革を実現した日本は、欧米と肩を並べ、「支配される国」でなく「支配する国」を目指したのです。国力をつけてきたら、他国と同じように対外侵略を目指すのは、客観的には当然だった……。いちばん手近なのは、お隣にあって、まだ欧米が進出していなかった地域、朝鮮半島ということになります。

１８９４年に始まる日清戦争、１９０４年に始まる日露戦争は、いずれも朝鮮半島への支配を確立するための戦争でした。そのことを日本人は認めなければなりません。

両戦争とも、たくさんの研究書がありますので、詳しくはそちらを見ていただけばいいのですが、そもそも朝鮮半島の李王朝は、長く中国の王朝の属国という地位にありました。

しかしその中国の清が弱まってくると、日本がそれに代わろうと考える。朝鮮国内も割れますが、日本と清は、「半島は中立にして、兵を送るときは相談するようにしましょう」と取り決めます（天津条約、１８８５）。

けれども国王はずっと中国皇帝の子分だったわけです。朝鮮半島で「甲午《こうご》農民戦争（１８９４）」という反乱が起こると、王宮は清国に援助の派兵を依頼します。

そこで日本は天津条約に基づいて、呼ばれてもいないのに派兵。反乱が終わったあと、そのまま「国内改革をする必要がある」と朝鮮の宮廷を占領してしまいます。結果、清国＋朝鮮との戦争になったのが「日清戦争」で、あまり誇れたやり方ではありませんでした。

いずれにしろ日本はあっという間に、古くから崇敬《すうけい》の対象だった大国・中国を破り、多額の賠償金と、どさくさで台湾まで征服してしまうわけです。この〝圧倒的勝利〟が、アジアナンバーワン国家という、自惚《うぬぼ》れに近い自信を生みました。

■日露戦争の成功と失敗

日清戦争が終わった5年後の1900年、清国では「義和団《ぎわだん》の乱」と呼ばれる内乱が起き、日本を含めた列強8か国が、これを治めます。同時に日本を含めたすべての国は、〝約束事〟のように略奪もしていき、清国は大きな打撃を受けました。

そこで清国はロシアと結び、満州の租借権やこの地に鉄道を敷く権利もロシアに与えます。満州と朝鮮半島は、すぐお隣。ロシアは鉄道を敷くために朝鮮北部に中立地帯を置くことを求めますが、日本はせっかく手中にしたこの地に干渉《かんしょう》されたくない。これが日露戦争の要因になっていくわけです。

結果、日本はアジアで唯一、世界の支配者だった欧米列強の一員だったロシアを破り、世界中に絶賛されます。「サムライの国は強い」と恐れられただけでなく、トルコなど、欧州支配に苦しんでいた国々にも勇気を与えたくらいです。

確かに日本人はロシア相手にがんばったのです。日本海海戦の英雄、東郷平八郎は、無

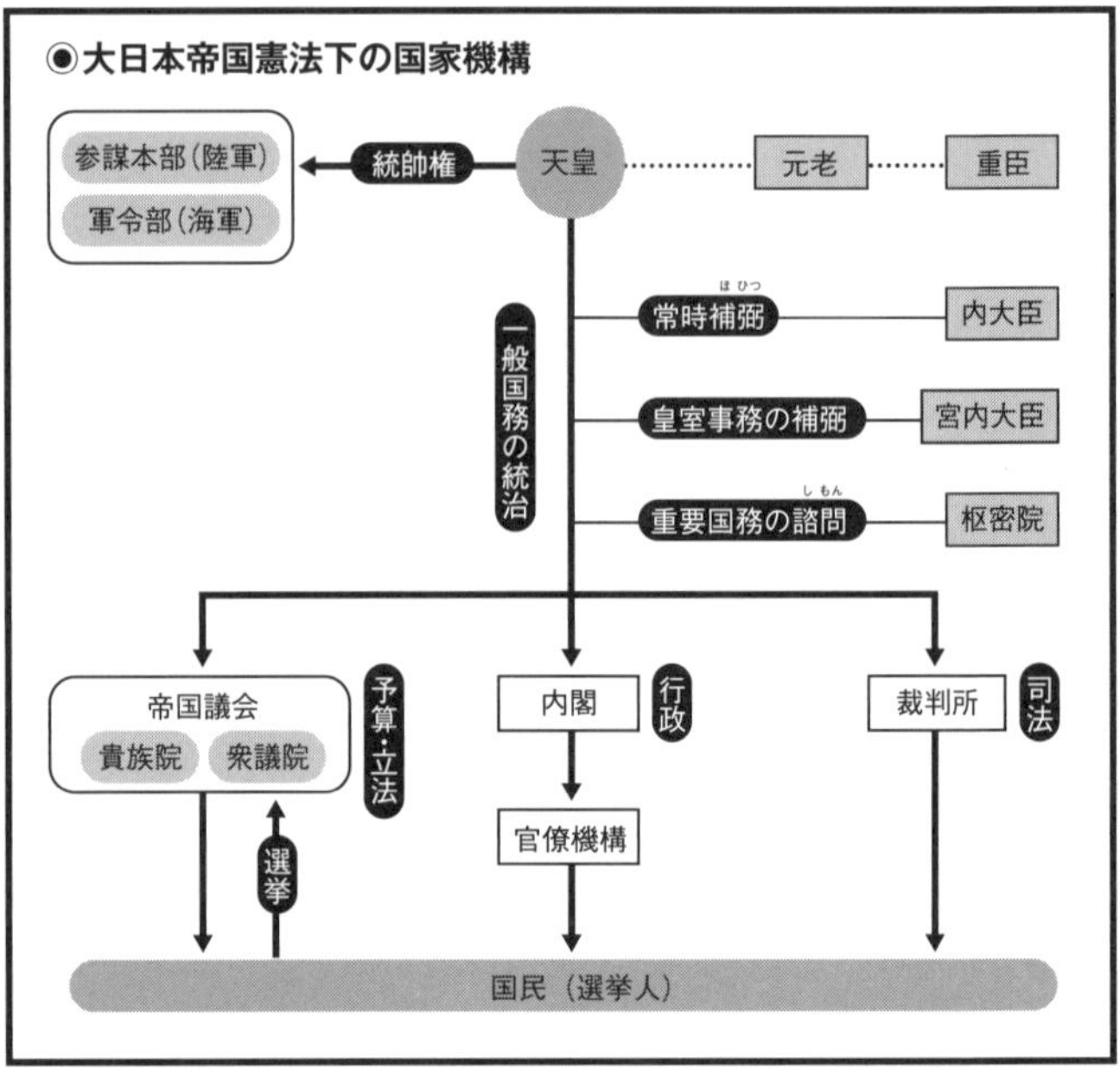

（参考：『詳説　日本史』山川出版社）

敵とされたロシアのバルチック艦隊を破り、世界の軍人の見本になりました。

しかし実際は8万人の犠牲者を出すギリギリの戦いで、アメリカ大統領の仲介を得て、日本はうまく切り上げることができた。だから戦後のポーツマス条約でも、日本が得られたのは北方領土に属する南樺太くらい。賠償金もありませんでした。

ところが国民としてみれば、すっかり「オレたちは強い！」という気分になっているわけです。「だから欧米は信じられない」「そもそも政府が弱腰すぎるのだ」と、どんどん強硬な海外進出を煽る世論が生まれていきます。実際、すぐ国内では「日比谷焼き打ち事件」（1905）という過激な暴動事件が起き、国民の力で政治を動かそうとする世論が「大正デモクラシー」という運動になっていきます。

そして日本は、1910年に正式に朝鮮半島を併合。1914年に第一次世界大戦が始まると、中国に駐留する敵国ドイツを討つ名目で、中国への領土拡大を始めていきます。

『坂の上の雲』で、日露戦争の頃の〝強い日本人〟を描いた司馬遼太郎も、その「あとがき」では当時の日本人について、こんなことを述べています。

「日本軍の神話的強さを信仰するようになり、その部分において民族的に痴呆化した」

戦勝モードの日本にあって、内村鑑三、徳富蘆花《とくとみろか》、石川啄木《たくぼく》、与謝野晶子《よさのあきこ》など、反戦論を唱える賢人たちもいました。**大きな成功を成し遂げた日本だからこそ、本当はここで冷静になる必要があったのでしょう。**どこか現代にも当てはまるとは思いませんか？

35 モノづくり日本と、信用できる国・日本
……初期の経営者たちが「成功すること」より望んだこと

渋沢栄一、日本ビジネスの原点をつくった男

日本が欧米諸国に並ぶ強国に飛躍できたのは、何も戦争で勝ったからだけではありません。開国当時、技術力で圧倒的に劣っていた日本は、欧米の産業を進んで学び、ビジネスの分野でも世界に並べる国を目指しました。

その先端には、グローバルな視点をもった実業家たちがいたのです。坂本龍馬の海運業を継ぎ、三菱グループを創設した岩崎弥太郎。金融業での成功を目指し、安田財閥をつくり上げた安田善次郎。日本資本主義の父といわれる渋沢栄一。薩摩に生まれ、大阪経済の地盤をつくった五代友厚《ごだいともあつ》などが、その代表格でしょう。

この4人に共通するのは、いずれも元武士。武士は基本的に金儲けを卑《いや》しいことと嫌う身分であり、実業では失敗する人間が多かったといいますが、例外的に**彼らは「日本を強**

くするため」という理念を掲げ、経済面から国の成長を支えていくわけです。

とくに「余はいかなる事業を起こすにあたっても、利益を本位に考えることはせぬ」とハッキリ言っていたのは渋沢栄一ですが、彼が立ち上げた事業をあげていくと、銀行（第一国立銀行＝現在のみずほ銀行）、ガス事業（東京ガス）、鉄道（田園都市＝現在の東急電鉄、秩父鉄道）、保険業（東京海上火災保険）、製紙業（王子製紙）、セメント業（秩父セメント）、ホテル業（帝国ホテル）、紡績業（東洋紡績）、酒造業（キリンビール、サッポロビール）、東京証券取引所など。ようするに彼は「日本に不足しているものは何か？」と足りない事業を見つけては、投資して会社を育てているわけです。

結果的には莫大な富を手にするのですが、東京慈恵会、聖路加《せいろか》国際病院、日本赤十字社など医療施設や、一橋大学などの学校も創設しています。明らかに経済の面から、日本をつくり上げることに全力を注いだのでしょう。

もちろん明治維新後、国家も「殖産興業」を掲げ、新しい事業の創設に努めます。その1つが、世界遺産になった「富岡製糸場」。1872年にフランスと立ち上げた製糸業ですが、女性が経済参加でき、しかもそこで近代教育も受けられるという模範的な事業としてスタートしました。働く人も、当初は士族出身の〝お嬢様〟が多かったようです。

ただ当初こそ理念重視で始まった日本のビジネス市場ですが、製糸業で働く女性を描いた『ああ、野麦峠』（山本茂実、角川文庫）の「工場づとめは監獄づとめ」という言葉が象徴するように、やがて利益優先で労働者を搾取《さくしゅ》するような環境に変わっていきます。

日清・日露戦争や第一次世界大戦の頃、日本経済は飛躍的に発展していきますが、一方で「米騒動」のような消費者の暴動が起こったり、数々の労働争議が起こったりと、むしろビジネスモラルに関しては劣悪化していくわけです。

∷ 不平等条約を破棄させた手腕

日本がビジネスにおいて世界と肩を並べるためには、幕府の時代に欧米諸国と結んだ不平等な条約がずっとネックになっていました。そもそも志士たちが目指した「攘夷」も、この条約改正が重要課題になっていたことは説明したとおりです。

幕府時代に背負った不平等は、主に2つあります。

①　領事裁判権……外国人が日本で罪を犯しても、日本でそれを裁くことはできない

②　関税自主権なし……外国との取引において、国が関税率を決めることができない

この2つの不平等は明治政府に持ち込まれ、これを撤廃することが1つの目標となったのです。最初にやったのは〝接待外交〟で、そのためにつくられたのが「鹿鳴館《ろくめいかん》」です。まあ、その程度で誘惑負けするほど、世界は甘くありませんでしたが……。

とにかく小手先でなく、外交力で壁を突破するしかない。最初に壁を崩したのは、坂本龍馬の海援隊の出身で、さらには西郷隆盛について西南戦争に参加し、政府に捕らえられて獄中生活を送ったという経緯を持つ、陸奥宗光《むつむねみつ》でした。この人を外務大臣に採用するセンスもスゴいのですが、用いた総理は伊藤博文。人間性が信頼できれば、過去のことなど水に流す寛容さがあったのでしょう。

まず撤廃されたのが「領事裁判権」で、日清戦争中の1894年にイギリスとの間で取り決められます（日英通称航海条約）。

もう一方の「関税自主権の撤廃」は大変で、これによって日本が外国にモノを売ろうとしても、法外な価格をつけられてしまう。欧米は日本に、安いものを一方的に売れる……これを動かしたのが、陸奥の弟子でもあった小村寿太郎《こむらじゅたろう》です。彼は日露戦争の前に、「ともにロシアとの脅威に立ち向かおう」と日英同盟の調印を成功させた〝駆け引き名人〟。ときは1910年の韓国を併合した際、なかなか首を縦にふらないイギリス、ロシアに対し、アメリカを巻き込むことで、翌年の1911年に関税自主権の回復に成功したのです。

36 世界の変化と大災害

……東京を世界的都市に変えた後藤新平の考え方

第一次世界大戦を日本はどうとらえたか？

1914年、ヨーロッパでは第一次世界大戦が勃発します。ドイツ、オーストリア、オスマン・トルコという古くからの王政を残した国々と、イギリス、フランス、ロシアという帝国主義の先陣を切っていた国々の衝突。日本は明治天皇が崩御し、大正になってから3年が経《た》っていました。

航空機、戦車、毒ガスなど、4年を費やした戦争が、終わってみれば死者1000万人です。この欧州の大崩壊は世界史の流れを大きく変えます。

被害だけでなく、負債もとんでもないことになっていたイギリスやフランスは、植民地主義への疑問も持ち始めます。とくにお金を出している投資家たちが、メリットよりも、リスクのほうがはるかに大きいことを感じ始めたわけです。

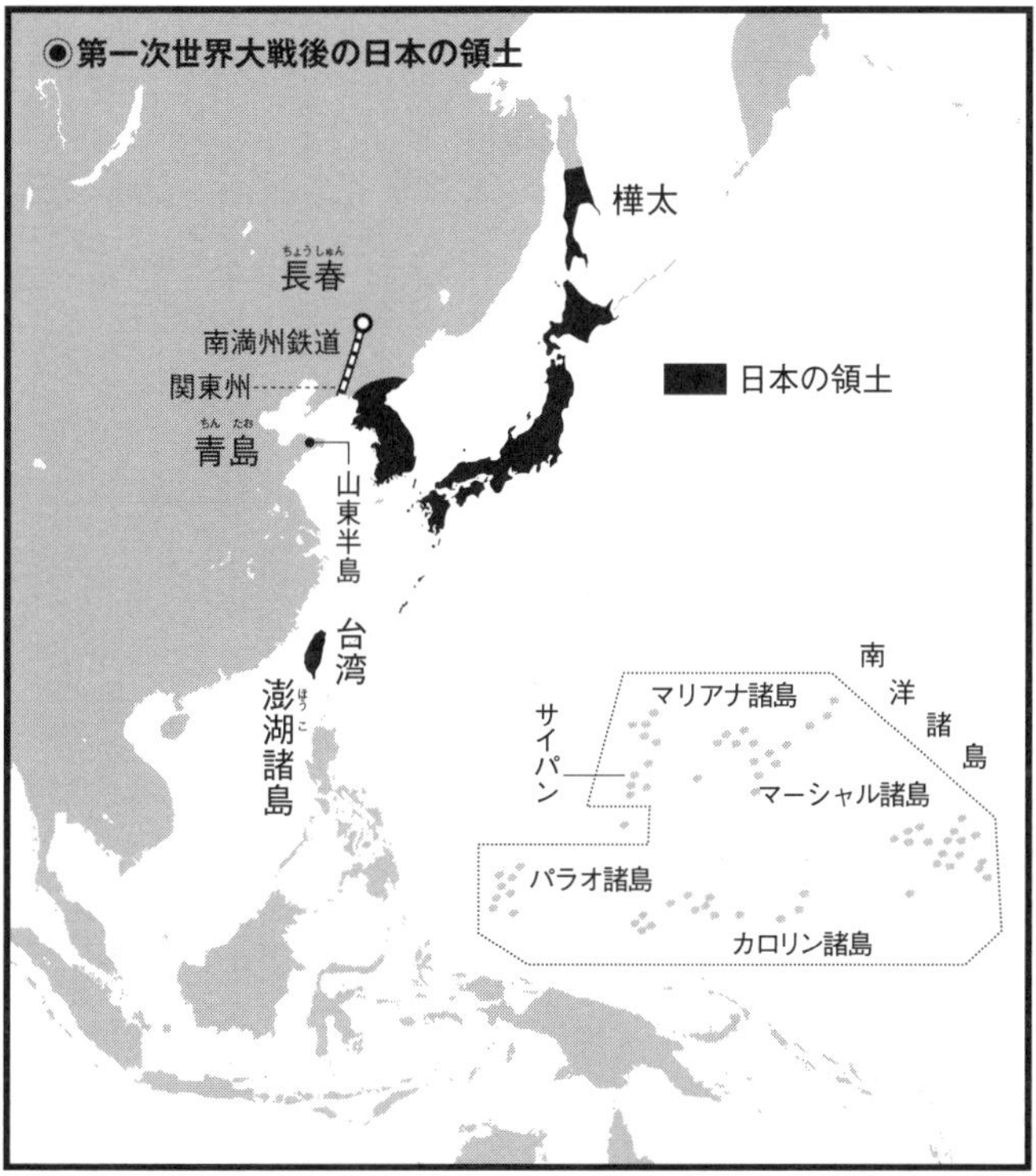

（参考：加藤陽子『それでも、日本人は「戦争」を選んだ』朝日出版社）

一方で、中国では漢民族だった孫文《そんぶん》が「辛《しん》亥《がい》革命」を起こし、女真族の征服王朝だった清国を打倒。中華民国をつくりました（1911）。

また日本のライバルだったロシアも、レーニンによる社会主義革命が起こり、ロマノフ王朝が滅亡。ソビエト連邦が成立します（1922）。

唯一、大戦の影響を

あまり受けなかったアメリカもアジアからは遠い。そうすると、ヨーロッパの戦場に関与しなかった日本にとって、革命で混乱した中国はチャンスだったわけです。「国を守るため」「支配領域を広げるため」、いろいろな見方はあるでしょうが、自国の利益を求めて海外侵略が行なわれた時代です。日本は第一次世界大戦の敵国だったドイツが支配していた領域を、この機会にと占領してしまいます。そこには中国の青島などを含む山東半島だけでなく、サイパン島などの南洋諸島も含まれていました。

さらに日本は1915年、中国に悪名高い「対華21か条」を突きつけます。ここには「政府運営の顧問に日本人を入れろ」「警察は日中合同にしろ」「鉄道や鉱山、港湾などに外資を導入するときは日本が優先」など、かなり無茶な要求も含まれていました。

国際的な非難も浴びて、無茶な要求は認められなかったのですが、中国ではこの日を「国恥記念日」として記憶に留めているほど。日本でも後に総理にもなったジャーナリスト・石橋湛山《たんざん》のように、「露骨なる領土侵略政策」とこれを批判する人が出ています。

確かに西洋諸国は、いままで汚い手も使って世界を制覇してきた。そして大戦によってその西洋が弱った。ならばこの機会に、一気に強国に並ぼうという戦略は合理的でしょう。

しかし一方で、力を持った武士階級が「弱者を守る義務」として自らに課した名誉のようなものは、すでに失われていたかもしれません。

トップを追い求める気持ちばかり焦り、周りの者を踏み台にしか考えなくなったビジネスマンがどうなるか？　この先の日本には、そんな運命が待っていたわけです。

■ 未曾有《みぞう》の大震災を日本はどうとらえたか？

日本をこの時期、焦らせた要因の1つに、大震災の影響があったことはやはり見逃せないでしょう。1923年、関東大震災です。

その犠牲者は9万人を超え、東日本大震災の5倍を超える数です。そのほとんどは火災によるものでした。

当時は韓国で独立運動も起こっていた頃。「彼らが井戸に毒を入れた」というデマが飛び交い、6000人の朝鮮系移民が軍や警察を含めた暴徒によって虐殺されました。

いまの日本人もネット社会でデマに踊らされやすいところがありますが、当時は日本がさんざん戦争をしかけた時期。「復讐されるかも」という不安もあれば、戦地になっていないはずの東京が焼け野原になってしまったことへの恐怖が、大きな混乱を生んでいたのだと思います。

こうした混乱が、過激な大陸進出に拍車をかけた……そうした側面もあったでしょう。

ただ崩壊した東京を、見事な超近代都市に立て直した人もいます。それが東京市市長となった後藤新平。仙台藩の子として生まれた、元武士の最後の世代でした。

その方法も、いまの東北の復興でもなかなか実現できていない、都市計画に基づいた断固たる土地の収用でした。当然、地主たちとの大バトルが繰り広げられるわけですが、現在の東京はこのときの大胆な復興があったから、出来上がっている部分が大きいのです。

後藤新平は、もともと台湾総督、満州鉄道総裁と、植民地の運営に携わってきた人物。とくに台湾総督時代は、ゲリラとして対日抗争をしていた台湾人にも、武装を解けば、自由や権利を与えた。まさに協力者として認め、公共事業を任せ、逆に治安維持に当たらせることもあったといいます（山岡淳一郎著『後藤新平・日本の羅針盤となった男』草思社）。インフラ整備をしたり、蔓延していたアヘン流通を排除したりもしました。

台湾は日本が占領していたにもかかわらず、親日度が非常に高い地域として知られています。そこには植民地時代でも、相手と対等につき合い、ともに成長する姿勢を貫いた国際人がいたことも大きかったのです。

ただ、彼は1929年に死去。満州事変が起こったのは、その2年後でした。

第 6 章

日本人が忘れてしまったもの、思い出すべきもの

戦後日本、失敗し、繁栄し、
そして停滞したその次は?

知っておきたいこと

戦争によって断絶してしまった日本の課題

この先の日本史……といえば、皆さんご存じのとおり、日本は太平洋戦争への道をひた走り、大国アメリカとの戦争を始めます。国民へ負担を強《し》い、特攻隊のような無謀な作戦にうったえ、それでも広島・長崎への原爆投下をもって日本は敗戦を迎えました。それがいまから70年前のこと。その後の復興が現在へとつながっています。

大戦に関しては、すでに膨大な同時代に生きた人々の記録があり、大勢の研究者による著書、また立場を異にするたくさんの賢人たちの意見があります。「真実は何か」という考察も、隣国の立場も含め、キリがないくらいにたくさんあるでしょう。

本書ではそれらを逐一あげることはしません。ただビジネスパーソン向けの歴史本として私たちが押さえたいのは、ほんの70年前に日本が犯した歴史的な失敗から何を学び、それを未来にどう生かすかということ。２０１５年に55歳になられた皇太子殿下は、お誕生日の会見で、こんな言葉をおっしゃいました。

「戦争の記憶が薄れようとしている今日、謙虚に過去を振り返るとともに、戦争を体験した世代から戦争を知らない世代に、悲惨な体験や日本がたどった歴史が正しく伝えられていくことが大切であると考えています」

戦争を知る世代が少なくなるなかで、私たちはよりグローバルな世界でこれから生きようとしています。韓国や中国、また東南アジア諸国のように過去に私たちが被害を与えた国々、また戦ったアメリカなどとの関係もより密接になっていくでしょう。

現在の日本は憲法によって、「国際紛争を解決する手段としての戦争」を放棄しています。

しかしかつて戦争は、どの国にとっても外交問題を解決する一手段だったのです。だから歴史的考察からどんな見解をもってもいいと思うのですが、ただ大切なのは事実をきちんと踏まえ、自分の意見をしっかりと構築しているかどうかだと思うのです。

日本がそもそも戦争に踏み切ったのも、「確固たる意見」を構築していなかったから。というのも国民総生産が12倍、鉄鋼生産力が12倍という国に、まともに張り合って勝てるわけがないのです。それは陸軍のトップも含め、多くの人間がわかっていました。なのに「後に引けないし。なんとかなるんじゃないか」といったハッキリ決まらない曖昧《あいまい》な状態が、日本を開戦に誘導します。国際社会に生きる私たちは、少なくとも過去の失敗に学び、一歩成長した世代である必要があるでしょう。

37 ビジネスパーソンが押さえておきたい戦争史

……戦争はどのように始まり、どのように終わったのか？

■満州事変から日本がヒトラーと手を結ぶまで

第一次世界大戦が終わったとき、日本は朝鮮半島、台湾、それに中国の山東《さんとう》地方から旅順《りょじゅん》などのロシアが租借《そしゃく》していた地域を支配していました。そのさらに奥には満州《まんしゅう》があり、ここを確保すれば、その向こうにあるソ連の脅威はずいぶんと取り除けるわけです。

この地に派遣されていたのは、陸軍に所属する「関東軍」という組織ですが、「最前線のことはオレたちに任せろ」とばかりに、満州進出の策を実行し続けます。1928年には欧米資本に近づいた軍閥の張作霖《ちょうさくりん》を爆殺する事件も起こりました。

一方で中国はといえば、清国を倒した中華民国が、袁世凱《えんせいがい》の北京《ペきん》政府と南京《なんきん》の蒋介石《しょうかいせき》（孫文の後継者）が率いる国民党に分裂し、各地に軍閥が登場するなどして混乱した状態。やがて34年には、毛沢東《もうたくとう》が結成した中国共産党の東征が始まります。

そんな時期を狙って、石原莞爾《かんじ》ら関東軍が動くわけです。彼らは奉天《ほうてん》の近くの柳条湖《りゅうじょうこ》という場所で、日本が運営していた満州鉄道の線路爆破事件を演出すると、一気に防衛のためということで満州地域の都市を占拠してしまいます。翌年には、かつての清国のラストエンペラーだった愛新覚羅溥儀《あいしんかくらふぎ》を連れてきて、ここに「満州国」という関東軍が支配する傀儡《かいらい》の国をつくってしまいました。

日本政府はしぶしぶこの強引な新国家を認めますが、世界はさすがに黙っていません。第一次世界大戦の反省を経てつくられた国際連盟は、「リットン調査団」を送って一連の事件を調査。「満州国」を認めていいものかは、ジュネーブの国際連盟会議で話し合われます。

じつは欧米諸国の意見は必ずしも日本に不利なものではなかったのですが、この話し合いの時期に、よりによって関東軍は満州に隣接する熱河省《ねっかしょう》への進攻を決定。**日本は国際社会からの批判を浴び、経済制裁などのペナルティを受けることを恐れて、先に国連を脱退する道を選ぶわけです。**

もちろん国連を脱退すれば、世界が仲良くなってくれるかといえば、そんなわけがありません。そこで日本は同じように国際社会から鼻つまみものになっていた、ヒトラーのナチス党が率いるドイツと手を結ぶわけです。ムッソリーニ政権のイタリアを巻き込み、

1940年には日独伊三国同盟が成立します。

■日中戦争から太平洋戦争が終わるまでの8年間

日本が世界のはみ出し者になっていく間、国内では何が起こっていたかといえば、満州国が出来上がったその年、「五・一五事件」と呼ばれる海軍将校のテロ事件が起き、関東軍の動きに不信感をもっていた犬養毅《いぬかいつよし》首相が暗殺されます。

1936年には、陸軍青年将校による「二・二六事件」が勃発。高橋是清《これきよ》蔵相など4人の政府重臣が殺害されますが、もはや政治家が軍を抑えられる時代ではありませんでした。

1937年に「盧溝橋《ろこうきょう》」という場所での軍事演習で、日本軍と中国軍の衝突が発生。これがなし崩し的に「日中戦争」へと拡大していきます。

日本軍は上海、南京、武漢《ぶかん》と主要都市を落とし、壊滅的な打撃を中国に与えていきますが、戦争はなかなか終わりません。蔣介石軍は地方都市へ分散し、ゲリラ戦線を続ける。仲裁を頼もうとするアメリカは、むしろ中国軍に武器を送って援助している。

そこで日本が目をつけたのは、中国の南にあるベトナム、ラオス、カンボジアです。もともとはフランスの植民地だったのですが、39年にドイツが始めた第二次世界大戦によって、そのフランスは占領されています。ならば日本が支配して構わないのではないか……。するとと心配したのは、アメリカです。このまま日本が拡大し、マレーを所有するイギリスや北のソ連を圧迫すれば、いずれ自分たちも参戦するだろうヨーロッパの大戦に影響してくる。日米は決定的に決裂し、アメリカの日本資産は凍結、石油の輸出も禁止されます。ならばやるしかない！ ……と、1941年から日本陸軍はマレー（英領）、フィリピン（米領）、インドネシア（蘭領）、ビルマ（英領）というアジアの欧米植民地に一気に侵攻。同時に海軍は、アメリカの基地があったハワイの真珠湾に対して奇襲攻撃をかけたわけです。太平洋戦争が始まりました。

詳細な戦史は省きますが、最初から物資量にも大差があり、その見積りも甘かった日本です。当初こそ勢いがあったものの、42年のミッドウェー海戦やガダルカナル島での敗戦で一気に戦況は不利になり、44年にマリアナ諸島が陥落《かんらく》すると本土への空襲も始まります。44年からは神風《かみかぜ》特攻隊の作戦も始まり、45年に沖縄が占領されると、本土決戦もやむなしという風潮になってきます。しかし8月には広島、長崎に原爆が投下され、15日に昭和天皇はポツダム宣言を受け入れることを決意。日本は無条件降伏し、ＧＨＱの占領下に入るわけです。

◎戦争の年表（参考：NHK取材班『日本人はなぜ戦争へと向かったのか』NHK出版）

1894	8月	日清戦争（〜1895・3）
1902	1月	日英同盟
1904	2月	日露戦争（〜1905・9）
1905	9月	日比谷焼討事件子
1909	5月	新聞紙法施行
1910	8月	日韓併合
1911	10月	辛亥革命
1912	1月	中華民国成立
	7月	明治天皇崩御、大正天皇即位
1914	7月	第一次大戦開始（〜1918・11）
1915	1月	日本、中国へ21か条の要求
1918	8月	日本軍、シベリア出兵
1919	1月	パリ講和会議
	5月	中国で反日運動起こる（5・4運動）
1920	1月	国際連盟発足
1921	11月	ワシントン軍縮会議（1922・6）
	12月	4カ国条約（日米英仏）
1923	9月	関東大震災
1924	1月	中国、第一次国共合作
1925	1月	ラジオ放送開始
	5月	普通選挙法、治安維持法施行
1926	12月	大正天皇崩御、昭和天皇即位
1927	4月	田中義一内閣成立（〜1929・7）
	5月	日本軍、第一次山東出兵
1928	2月	第1回普通選挙
	5月	済南事件
	6月	張作霖爆殺事件
1929	10月	世界大恐慌
1930	4月	ロンドン海軍軍縮会議
1931	6月	中村大尉事件
	9月	柳条湖事件、満州事変勃発。中国、国際連盟へ提訴。国際連盟理事会、日本に対する満州からの軍の撤兵要請を採択
	12月	犬養毅内閣成立（〜1932・5）
1932	1月	第一次上海事変
	3月	満州国建国宣言。リットン調査団、柳条湖事件の調査開始
	5月	五・一五事件、犬養毅首相が殺害される。斉藤実内閣成立（〜1934・7）
	9月	リットン調査団、国際連盟に報告書を提出
1933	1月	日本軍、熱河に侵入
	2月	国際連盟特別総会、リットン報告書に基づき、日本への満州撤退勧告を採択。日本首席全権松岡洋右、勧告の受託拒否を表明
	3月	日本、国際連盟脱退
	5月	日本で塘沽停戦協定成立

1934	7月	岡田啓介内閣成立（〜1936・3）
1931	10月	中国共産党、長征開始
1934	12月	日本、ワシントン海軍軍縮条約とロンドン海軍軍縮条約を破棄
1935	2月	天皇機関説問題が起こる
	8月	永田鉄山が殺害される
1936	2月	二・二六事件、斎藤実内大臣、高橋是清蔵相ら殺害される
	3月	広田弘毅内閣成立（〜1937・2）
	11月	日独防共協定成立
	12月	西安事件
1937	2月	林銑十郎内閣成立（〜1937・6）
	6月	第一次近衛文麿内閣成立（〜1939・1）
	7月	盧溝橋事件、日中戦争勃発
	8月	日本軍、北京占領。第二次上海事変
	9月	中国、第二次国共合作
	11月	日本軍、上海占領
	12月	日本軍、南京占領
1938	5月	国家総動員法施行。日本軍、徐州占領
	7月	張鼓峰事件（〜1938・8）
	10月	日本軍、武漢三鎮占領
	12月	日本軍、重慶爆撃開始
1939	5月	ノモンハン事件
	8月	独ソ不可侵条約締結。阿部信行内閣成立
		（〜1940・1）
1939	9月	ドイツがポーランドに侵攻、イギリス・フランスがドイツに宣戦布告。第二次世界大戦勃発
1940	1月	米内光政内閣成立（〜1940・7）
	5月	日本軍、宣昌占領
	7月	第二次近衛文麿内閣成立（〜1941・7）
	9月	日本軍、北部仏印進駐。日独伊三国軍事同盟締結
	10月	大政翼賛会発足
1941	4月	日ソ中立条約成立。日米交渉開始
	6月	独ソ戦開始
	7月	大惨事近衛文麿内閣成立（〜1941・10）日本軍、南部仏印進駐。アメリカ、日本の資産を凍結
	8月	アメリカ、日本への石油輸出をストップ
	10月	東条英機内閣成立（〜1944・7）
	11月	アメリカ、日本にハル・ノートを提出
	12月	日本時間8日未明、日本軍が真珠湾を攻撃。太平洋戦争開始

38 戦争の失敗①リーダーは決断しなければならない

……誰が日本を戦争に誘導したのか？

■戦争は本当は回避できた!?

ＮＨＫが膨大な証言と資料をもとに検証した特別番組『日本人はなぜ戦争へと向かったのか』を観ると、当時の日本のリーダーたちは、ほとんど誰もアメリカと戦争しようなどと思っていなかったことがわかります。ところが、**一つひとつのハッキリしない決断の積み重ねが、最悪の結果に国を導きました。**

たとえば日本が世界と決別《けつべつ》した〝国際連盟からの脱退〟ですが、日本代表として出席した松岡洋右《ようすけ》外相は、国連を抜け出ることなど考えてもいませんでした。現在の国際連合もそうですが、他国への侵略を非難されても、脱退しなければ残っていられれます。

ところがそんななかで、関東軍の熱河作戦が始まる。普通の国なら「その作戦、交渉が終わるまで待て！」と中止させればいい話でしょう。現に軍や政府に口をはさまない天皇陛下ですら、「すぐに止めさせるべきじゃないか」と提言していたそうです。

しかし政府は関東軍を止めず、連盟からの脱退を決めてしまう。軍の暴走を止められないというより、現場のことは軍に任せっきりで、国家方針を決めていたという感じでしょう。

その後、陸軍はさらなる中国侵攻を目指してドイツと接近しましたが、外務省はヒトラーを警戒し、イギリスとの仲介で蔣介石政権と和解する交渉を始めるわけです。

つまり、当時の政府には、「ユダヤ人の虐殺などを始めているあの男はヤバいだろう」という感覚がちゃんとあった……ということですが、ならばなぜ方針をしっかり決めず、国のなかで別々のリーダーが、敵対する違う国同士と友好関係をつくろうとするのか？　ドイツはともかく、イギリスや中国に信頼されなかったのも当然と思います。

真珠湾攻撃のプランを練ったとされる名将、海軍の連合艦隊司令長官だった山本五十六《いそろく》は、当時の近衛文麿《このえふみまろ》首相に米国との戦争についての意見を求められたとき、「やれと言われれば、半年や1年の間は暴れてみせます。しかし2年や3年となれば確信は持てませんので、できるだけ日米開戦は回避してもらいたい」という言葉を残しました。

『日本海軍400時間の証言』（NHKスペシャル取材班著、新潮社）という本に寄せられた証言を見れば、突っ走る陸軍に対し、海軍のほうでは「戦争をしても勝てるわけがない」というのは大半の意見だったようです。

でも、誰かが積極的にそれを止めようとしたかといえば、やはり「やれと言われれば仕方がない」という風潮。むしろ「予算が確保されるから」と、海軍も軍備拡充を続けました。当時の日本ではマスコミも開戦を煽《あお》り、「ここで戦争反対を唱えたら、臆病者と思われる」という雰囲気もあったようです。ようするに**たくさんの人間が「戦争などするべきじゃない」と考えながら、その思いを取りまとめる人がいなかったのです。**

■マネジメントの本質を忘れてはいけない

リーダーが組織全体を統轄《とうかつ》できず、全体がバラバラだったために起こった失敗は、太平洋戦争が始まると、さらに顕著《けんちょ》になります。

たとえばガダルカナル島での戦闘では、零戦の航続距離がもたないラバウル基地の航空機に出撃命令が出ました。結果ほとんどの戦闘機は、ろくな戦いもできずに墜落します。命令を出す側が情報をもたず、「何とかなるだろう」で指示を出した結果でしょう。

またマリアナ沖では、せっかく科学者がレーダーを攻撃機に搭載したのに、夜に奇襲攻撃で出撃した兵たちは、「そんなのより魚雷を多く搭載したほうがいいから」と、これを外してしまいます。結果、敵を発見すらできずに好機を逃すのですが、明らかに情報の伝達がちぐはぐになっています（鈴木博毅著『「超」入門 失敗の本質』ダイヤモンド社）。

そもそも日本の戦争を率いたリーダーといえば、誰なのでしょう？

ドイツにはヒトラーがいて、アメリカにはルーズベルトがいて、イギリスにはチャーチル首相がいてと、第二次大戦を戦った国には全軍隊を掌握するリーダーがいます。関ヶ原の戦いだって、バラバラだった武将たちは家康のもとに統括されました。では大日本帝国の軍を率いるリーダーは？　と聞かれ、ピンと来ない方も多いのではないでしょうか？

強《し》いて言えば、41年に首相となり陸軍大臣も兼ねた東条英機ということになりますが、当時の憲法では議会と陸海軍の統制権が分かれていて、強いリーダーシップをとることができません。後半になってやっと権力を強化し、陸軍だけは動かせるようになりますが、海軍のほうは「思い通りにはさせないぞ」と下につくことをしない。こうした組織では、やはり結果を出すことはできません。

当然これは戦争のみならず、あらゆる企業組織から小さなチームにまで言えることでしょう。**部下に自由を与えるのはいいのですが、やはりリーダーは、彼らの行動をすべて把握していなければならない。マネジメントとは、そういうことなのです。**

39 戦争の失敗②目標と戦略の欠如

……私たちが戦争から学ぶべき多くのこと

この戦争の目的は何？

真珠湾攻撃のひと月ほど前、昭和天皇は東条首相に、こんな質問をしたそうです。

「この戦争の大義名分は何なのだ？」

東条首相の答えは、こういうものでした。

「いま研究しているところです」

つまり、戦争を始める前に、あるいは始まったあとですら、誰も「この戦争が何のための戦争なのか？」をきちんと考えていませんでした。

むろんアジアを解放する「大東亜共栄圏」の形成という大義は、後に名目として掲げられます。しかし「日本が征服すれば、アジア諸国が発展する」と本気で日本人が考えていたかどうかは疑問で、だいたい中国と戦うための基地を置く目的でベトナムに侵攻したり、中立の独立国だったタイにも日本は兵を進めているのです。

日本の利益のために戦争をするんだ……戦争の時代にあって、ホンネの目標がそうであるなら、それも良しとしましょう。けれども、戦争の結果、どのようになれば、それでOKとするのか？　戦争における最低限の勝利条件とは何なのか？……それらをハッキリさせなければ、いつまで経っても戦争は終結に向かいません。当然ながら広大なアメリカに上陸して、そこを征服するということは誰も考えていなかったわけです。

本書で見てきたように、日本人は決して戦争と縁のなかった民族ではありません。対外戦争こそ少なかったのですが、太古の時代から戦国時代まで、武力にうったえる解決手段を行使してきました。その際も多くの場合は**戦争の目的がハッキリしていて、だからこそ戦争が終わってしまえば、再び秩序は回復されたのです。**〝戦争のための戦争〟など、平将門も足利尊氏も織田信長も西郷隆盛も望んではいませんでした。

ところが日本が領土を最大に広げ、最強の国と戦うことになった段階で、このタガが外れてしまいます。有名な『失敗の本質』（中公文庫）で紹介されている「インパール作戦」などでは、「偉大な功績を上げて名誉を回復したい」といった現場の司令官の判断で、ギリギリで守っていたビルマの軍をインド侵攻に当てるわけです。結果、玉砕《ぎょくさい》してビルマまでを失うのですが、大局を見て戦略を立てる人がいなければ、こんな悲劇も起こるのです。

230万人はなぜ死ななければならなかったのか?

先に山本五十六の、「半年や1年の間は暴れてみせる」という言葉を紹介しました。アメリカとの無謀な戦争であっても、早いうちに圧倒的な戦果をあげ、すぐさま和平交渉をする……という考えであれば、あるいは開戦後でも日本は挽回できたかもしれません。ところが実際はそんな戦略など考慮されず、いつのまにか国民総動員で臨む長期の消耗戦になっていきます。

しかし「消耗戦を乗り切る戦略」が日本にあったかといえば、それも疑問視せざるを得ません。『シリーズ日本・近現代史⑥アジア・太平洋戦争』(吉田裕著、岩波新書)によると、日中戦争以降の軍人・軍属の戦死者数は約230万人。その60パーセントを占める140万人の死亡理由は、敵の攻撃で亡くなったのでなく、餓死や、栄養不足に起因する伝染病などによる死亡だそうです。南方の島や東南アジアのジャングルに兵を送り、補給は一切しない。ひどいときなど船が目的地に着くまでに餓死する兵までいたくらいですが、気力で乗り切れと言ったってできるわけがありません。これを見ると、本当に当時の軍の上層部に勝つ意志があったのかさえ、疑いたくなります。

死亡者の18パーセントにのぼる42万９４００人は「海没死」。これだけの人間が溺れて死んだのも、船に大量の人員を詰め込み、なおかつ沈没したあとの策など何も考えていなかったことが大きいでしょう。

さらにこれに「特攻死」による死が加えられます。零戦など航空機による特攻で４０００人の死者ということですが、他にも魚雷とともに水中特攻する「回天」や、航空機から切り離されて特攻するロケット「桜花」など、残酷な兵器を日本は開発していました。

たとえば戦闘機の特攻なら命中率が11・6パーセント、「回天」に関しては敵艦への命中率がたった2パーセントといいます（『日本海軍４００時間の証言』）。

つまり、ほとんど特攻は成功しない。にもかかわらず、精神高揚のためとばかりに、上層部は兵を消耗し続けたわけです。若い人間を育て、育った人間が成果をあげて結果を出し、次の世代を育てていかなければ、長い戦争を勝ち抜いていくことはできません。これはビジネスでも戦争でも同じでしょう。

結局、軍の作戦立案に関しては「日本のため」という目的ですら、顧みられなかった。過去の私たちの敗戦は、多くの反省材料を残したといえます。

40 日本人が忘れてはいけない「歴史的思考」

……いまだからこそ原点に立ち返る！

「戦後」の先にある「いま」に必要なもの

戦後の歴史は、すでに皆さんがご存じのとおりです。マッカーサー司令官の率いるＧＨＱ（連合国軍最高司令官総司令部）の支配下で、アメリカ主導の新しい国家づくりをスタートさせました。

１９４７年に日本国憲法、60年には日米安全保障条約の締結、72年には沖縄返還も実現し、その延長で現在の日本の姿がつくられているわけです。

ところで最近はよく、「脱・戦後」という言葉が使われています。

日本にとって〝戦後〟というのは、必ずしも不幸な時代ではありませんでした。

第二次大戦後すぐ、世界は勝者となったアメリカ陣営とソ連陣営が対立し合う「冷戦」時代となりました。

共産主義体制になった中国も、南北に分裂した朝鮮半島も、そんな戦後からさらに続く混乱の影響を受けています。

しかし日本は、終戦すぐのソ連による抑留や北朝鮮の拉致問題をのぞけば、アメリカの傘下において空前の経済成長を実現することができたわけです。

戦争ではアジアをさんざん掻《か》きまわした上で自滅した日本ですが、その後のビジネスでは、世界を席巻《せっけん》する企業をいくつも輩出しました。

ただ、そうした〝戦後〟の影響はもう終わった。すでにソ連という国が崩壊し、世界はリセットされ、戦前以上に対等に各国がビジネスにおいてわたり合うグローバルな環境になっています。

サムライの国が唐突に世界に躍《おど》り出た歴史を繰り返すように、現在は日本が一時期支配下においた中国や韓国などの企業が、世界を席巻した日本企業を追い抜く存在になっているわけです。

こうした新しい〝いま〟という時代において、**私たちはもう一度、「私たちが何者だったか」という歴史を、再確認するときに来ているのではないでしょうか？**

〝戦後〟は確かに、日本人が経済において飛躍のチャンスをつかんだ時代です。

しかし一方で私たちは、戦争の苦い記憶もあって、積み重ねてきた歴史に〝蓋《ふた》〟を被《かぶ》せました。

たとえば天皇が「神話と伝承によりて生ぜるものにあらず」という「人間宣言」をしてから、過去の日本神話は〝皇国史観につながるもの〟として敬遠されるようになりました。

その結果、身近な神社で奉られている神さまが何者かを知っている日本人はほとんどいないし、『古事記』や『日本書紀』を読み、日本人の思想の原点に触れる人もあまりいません。

日本が世界に誇る古典文学作品である『源氏物語』も、世界最古の演劇論である『風姿花伝』も、いまなお〝外国人に最も影響を与える日本人が書いた書物〟とされる『武士道』も、きちんと目を通す日本人など少ないのが現状です。

学校で「記憶科目」とされる歴史の時間を除けば、私たちの国をつくってきた過去の日本人たちの功績も、ほとんどは大河ドラマや漫画のようなフィクションの世界で接するものだけになっている……。

問題はそうした「歴史的に蓄積した価値観」を見失った状態で、新しいグローバルな世界において、各国のライバルたちと私たちが対等にわたりあっていけるか？　……ということだと思うのです。

歴史を読み返し、私たちの「原則」を再構築しよう！

「プリンシプルをもって生きれば、人生に迷うことはない」

この言葉は戦後、吉田茂首相のもとでGHQとの交渉役を引き受けた、白洲《しらす》次郎《じろう》が残したもの。〝プリンシプル〟という言葉はわかりにくいですが、白洲はこんなふうに言っています。

「プリンシプルとは何と訳したらよいか知らない。原則とでもいうのか……。西洋人とつき合うには、すべての言動にプリンシプルがはっきりしていることは絶対に必要である。日本も明治維新前までの武士階級等は、すべての言動は本能的にプリンシプルによらなければならないという教育を、徹底的にたたき込まれたものらしい」

世界でビジネスに成功している民族を見れば、ユダヤ人は旧約聖書からの歴史を徹底的に頭に叩き込んでいるし、華僑たちも自分たちのルーツについて学びます。

欧米のエリートたちを見れば、ギリシャ・ローマの古典から聖書に及ぶ教養をしっかり身につけるし、中国人の知識層であれば『論語』『老子』などの古典をしっかり学ぶでしょう。

ＩＴ化の進んだ現在、すでに私たちは、これまではやや遠い距離にあったイスラム世界でのテロリズムや、アフリカでの戦争にも影響されるようになっています。

そして国内を見れば、いまや聞いたこともなかった国からのビジネスパートナーが、あるいは観光客が、ごく普通に日本に訪れているのです。来るべき東京オリンピックを控え、その流れはますます加速していくでしょう。

彼らは皆、私たちと強固な信頼関係や友情を築くため、自国文化のアイデンティティをすべて動員して、対等な立場から話しかけてきます。

けれども彼らにまったく引けを取らない独自の価値観を、私たちは彼らと並ぶだけの長い歴史からつくりあげているのです。

その間に多くの知恵も蓄積しましたし、多くのトライ＆エラーを繰り返して、考え方や生き方、成功のし方に直結する〝原則〟をつくりあげてきました。

いまこそ原点に返って、私たちはそれを再考するべきときに来ているのではないでしょうか？

「過去の歴史」に学ぶことは、当然「未来をつくること」につながっています。

それは私たちが日々、行なっている仕事はもちろん、「どのように生きるべきか」という普遍的な問題にもかかわっていることでしょう。

私が本書を書いたのは、そうした勉強のきっかけづくりに少しでも役立てればと思ったからです。

歴史の専門家でもない、一ビジネス作家である私ですが、だからこそできる書き方、切り口があるのではと、皆さまのお役に立てるような「歴史の本」をつくりあげました。ぜひ本書が皆さまのお役に立つことを願っております。

参考文献

『詳細日本史（日Ｂ３０１）』山川出版社
『日本書紀 全現代語訳』上下　宇治谷孟　講談社学術文庫
『古事記』角川ソフィア文庫
『新訂 魏志倭人伝 他三篇』岩波文庫
『源氏物語』紫式部　角川ソフィア文庫
『平家物語』角川ソフィア文庫
『風姿花伝』世阿弥／夏川賀央現代語訳　致知出版社
『吉田松陰「留魂録」』吉田松陰／城島明彦現代語訳　致知出版社
『武士道』新渡戸稲造／夏川賀央現代語訳　致知出版社
『茶の本』岡倉天心／夏川賀央現代語訳　致知出版社
『一外交官の見た明治維新』上下　アーネスト・サトウ　岩波文庫
『羅生門・鼻・芋粥』芥川龍之介　角川文庫
『逆説の日本史（1－17）』井沢元彦　小学館文庫
『日本人の起源』別冊宝島　宝島社
『旧石器時代ガイドブック』堤隆　神泉社
『縄文時代ガイドブック』勅使河原彰　神泉社
『日本の歴史1　列島創世記』松木武彦　小学館
『縄文人はどこからきたか？』北の縄文文化を発信する会編　インテリジェント・リンク
『倭王の軍団』西川寿勝／田中晋作　神泉社
『激変！日本古代史』足立倫行　毎日新書
『出雲大社の謎』瀧音能之　毎日新書
『古代国家はいつ成立したか』都出比呂志　岩波新書
『大和朝廷』上田正昭　講談社学術文庫
『継体天皇と朝鮮半島の謎』水谷千秋　文春新書
『古代史への旅』黒岩重吾　講談社文庫
『日本語の誕生』沖森卓也　吉川弘文館

『飛鳥の木簡』市大樹　中公新書
『女帝の古代日本』吉村武彦　岩波新書
『律令制の虚実』村井康彦　講談社学術文庫
『平城京 その歴史と文化』小学館
『大仏はなぜこれほど巨大なのか』武澤秀一　平凡社新書
『日本の歴史四　揺れ動く貴族社会』川尻秋生　小学館
『紫式部と平安の都』倉本一宏　吉川弘文館
『藤原氏千年』朧谷寿　講談社現代新書
『蝦夷・アテルイの戦い』久慈力　批評社
『平家の群像』高橋昌明　岩波新書
『鎌倉時代』龍粛　文春学藝ライブラリー
『蒙古襲来』服部英雄　山川出版社
『パックス・モンゴリカ』ジャック・ウェザーフォード　NHK出版
『さかのぼり日本史8　室町・鎌倉』本郷和人　NHK出版
『日本の歴史11　太平記の時代』新田一郎　講談社
『戦争の日本中世史』呉座勇一　新潮選書
『織田信長』神田千里　ちくま新書
『軍師・参謀』小和田哲男　中公新書
『軍師の戦略』皆木和義　クロスメディアパブリッシング
『戦国 名城の姫たち』楠戸義昭　静山社文庫
『百万都市 江戸の生活』北原進　角川ソフィア文庫
『武士の家計簿』磯田道史　新潮新書
『商人道ノススメ』松尾匡　藤原書店
『上杉鷹山の経営学』童門冬二　PHP文庫
『吉田松陰』津本陽　角川oneテーマ21
『高杉晋作』奈良本辰也　中公新書
『面白いほどよくわかる　江戸時代』山本博文監修　日本文芸社
『菊と刀』ルース・ベネディクト　講談社学術文庫
『逝きし世の面影』渡辺京二　平凡社ライブラリー
『ドナルド・キーン 自伝』ドナルド・キーン　中公文庫

『幕末史』佐々木克　ちくま新書
『幕末史』半藤一利　新潮社
『西郷南洲遺訓』山田済斎編　岩波文庫
『ビジネスに役立つ「商売の日本史」講義』藤野英人　PHPビジネス新書
『明治国家をつくった人びと』瀧井一博　講談社現代新書
『坂の上の雲（1－8）』司馬遼太郎　文春文庫
『近代化の相克』司馬遼太郎対話選集4　文春文庫
『小村寿太郎』片山慶隆　中公新書
『岡倉天心　その内なる敵』松本清張　新潮社
『日清・日露戦争をどう見るか』原朗　NHK出版新書
『大正デモクラシー』成田龍一　岩波新書
『後藤新平　日本の羅針盤となった男』山岡淳一郎　草思社
『満州事変から日中戦争へ』加藤陽子　岩波新書
『アジア・太平洋戦争』吉田裕　岩波新書
『日本人はなぜ戦争へと向かったのか』上下　NHK取材班　NHK出版
『それでも、日本人は「戦争」を選んだ』加藤陽子　朝日新聞社
『日本軍と日本兵』一ノ瀬俊也　講談社現代新書
『失敗の本質』戸部良一ほか　中公文庫
『「超」入門 失敗の本質』鈴木博毅　ダイヤモンド社
『日本海軍400時間の証言』NHKスペシャル取材班　新潮社
『日本占領史1945-1952』福永文夫　中公新書
『ハーバード白熱日本史教室』北川智子　新潮新書
『世界史　上・下』ウィリアム・H・マクニール　中公文庫
『イギリスの智慧』中西輝政+マークス寿子　中央公論
『銃・病原菌・鉄』上下　ジャレド・ダイアモンド　草思社

著者紹介

夏川賀央（なつかわ・がお）

1968年、東京都生まれ。早稲田大学第一文学部卒。

賢者のビジネス研究所株式会社代表取締役。

大手出版社など数社を経て独立。会社経営のかたわら、作家として活躍中。人材プロデューサーとして各分野の異才たちを発掘し、ネットワークを通じた“非組織プロジェクト”、あるいは「賢者の会」で多くのビジネスを成功させている。

著作に『成功者に学ぶ時間術』(成美堂出版)、『なぜ、仕事ができる人は残業をしないのか?』(SBクリエイティブ)、『すごい会社のすごい考え方』(講談社)、訳書に『武士道』『茶の本』『風姿花伝』(いずれも致知出版社) など多数。

http://gao-kai.com/

著者エージェント：アップルシード・エージェンシー
http://www.appleseed.co.jp/

仕事ができる人の「日本史」入門
ビジネスに生かす！　先人たちの発想と問題解決術

2015年9月1日　第1刷発行

著　者　　夏川賀央

発行者　　櫻井秀勲
発行所　　きずな出版
東京都新宿区白銀町1-13　〒162-0816
電話03-3260-0391　振替00160-2-633551
http://www.kizuna-pub.jp/

装　幀　　福田和雄（FUKUDA DESIGN）
印刷・製本　モリモト印刷

ISBN978-4-907072-39-1

きずな出版